历史就跑在道路上

卢 溪／著
牟悠然／绘

中国少年儿童新闻出版总社
中国少年儿童出版社
北 京

图书在版编目（CIP）数据

历史就跑在道路上 / 卢溪著；牟悠然绘. -- 北京：中国少年儿童出版社，2024.10
（原来历史就在身边）
ISBN 978-7-5148-8565-1

Ⅰ. ①历… Ⅱ. ①卢… ②牟… Ⅲ. ①交通运输史－中国－儿童读物 Ⅳ. ① F512.9-49

中国国家版本馆 CIP 数据核字（2024）第 096327 号

LISHI JIU PAO ZAI DAOLU SHANG
（原来历史就在身边）

出版发行 中国少年儿童新闻出版总社
中国少年儿童出版社

策　　划：叶　敏　王仁芳	装帧设计：柒拾叁号
责任编辑：秦　静	责任校对：李　源
美术编辑：陈亚南	责任印务：刘　澂

社　　址：北京市朝阳区建国门外大街丙12号	邮政编码：100022
编 辑 部：010-57526671	总 编 室：010-57526070
发 行 部：010-57526568	官方网址：www.ccppg.cn

印刷：北京缤索印刷有限公司

开本：787mm×1092mm　1/16	印张：7
版次：2024年10月第1版	印次：2024年10月第1次印刷
字数：140千字	印数：1—8000册

ISBN 978-7-5148-8565-1　　　　　　　　　　定价：32.00元

图书出版质量投诉电话：010-57526069　电子邮箱：cbzlts@ccppg.com.cn

序

　　不会吧？不会还有人跟我小时候似的，以为历史就是摆在书架上那些本大书吧？《二十四史》，一大柜子，那就是中国的历史？

　　事实上，历史可不光是"过去发生的人和事"那么简单。历史啊，它是一个全息系统。你看，历史就是过去人的生活，而咱们现在的生活，就是未来人眼中的历史！

　　生活都包括些啥？衣、食、住、行、玩，这就差不多是全部了吧。

　　可是，你看看古画中五花八门的汉服、博物馆里的器具、景点里的古迹……它们和现在咱们的衣、食、住、行、玩，差距很大呀！我们和历史有联系吗？

　　仔细观察，咱们的衣、食、住、行、玩与古人的，或多或少都有相似之处。就好像，你和爸爸妈妈、爷爷奶奶、外公外婆那可是完全不同的人，但是别人会说你的鼻子像爸爸，眼睛像妈妈，额头像奶奶，耳朵像外公……你跟祖辈父辈们又有千丝万缕的联系，不是吗？

一般来说,你的姓就跟爸爸或妈妈的一样,还有,你在户口本上填的"籍贯""民族",总是跟爸爸妈妈其中一位有关系,对吗?

对,这些联系、相似,甚至变化,那都是历史。

你可以把历史理解成一本密码本,表面上看,谁也看不懂。可是,只要给你一个编码规则,你就能把密码翻译出来。对历史的了解与掌握,就是一个"解码"的过程。

你可以假设一下,要是有一种力量,突然让你回到了古代,扔给你一套衣服,你知道怎么穿吗?你知道每个时代,餐桌上主要有什么食物吗?晚上去哪儿住?是自己造一间房子还是找家旅店?出门有什么交通工具可以选择?无聊的时候,能找到什么玩具?

更重要的是,你知道古代的这些衣、食、住、行、玩和现代的有什么不一样,是怎么变化发展的吗?要是给你开个倍速播放,把历史再过上一遍,你能找到事物的发展规律吗?掌握了现代信息的你,能避免古人走过的弯路吗?

所以你看,了解历史,可不只是知道一些枯燥的知识,它更是一种可以玩很久的迷人的解码游戏。从今推回古,从古推到今,越来越熟练的你,就像在一条历史长河里游泳,两边的景物与细节,越来越清晰,越看越好玩。

现在你看到的这几本书：《历史就穿在我身上》《历史就摆在餐桌上》《历史就住在房子里》《历史就跑在道路上》《历史就藏在玩具里》，就像一个大乐园的不同入口，从每一个入口进去，都能看到不一样的精彩！

当你走出这个乐园时，你就是掌握了历史解码能力的人哦，你的世界，变得好大好大，上下五千年，纵横八万里，任你闯荡，任你飞。到时，你就可以跟小伙伴们大声夸赞："历史可真有趣呀！"

你还可以骄傲地告诉他们："历史没那么遥不可及，历史就在你身边！"

杨早

北京大学文学博士，中国社会科学院文学所研究员
中国社会科学院大学教授，中国当代文学研究会副会长
阅读邻居读书会联合创始人

交通有多重要

传说古代有个叫愚公的人，已经快 90 岁了，家门口有太行和王屋两座大山，想要到山外面去非常不方便。

于是愚公召集家人，准备挖平险峻的大山，方便出行。他们全家挖呀挖，连邻居家的小孩都来帮忙。有个叫智叟的人取笑愚公，说你年纪都这么大了，怎么可能成功呢？愚公说，我死了还有儿子，儿子还会有他的儿子，一代又一代人都努力移山，山不会变高，总有一天会挖平的。

后来天帝听说了这件事，很感动，就命令夸娥氏的两个儿子把这两座山搬走了。

"愚公移山"的典故出自 2000 多年前，说明那时候的人就已经开始追求便利的交通，并愿意为之付出艰苦的努力了。那么，什么是交通呢？

愚公为什么非要移山呢？绕个道不就行了吗？

也许经常要走亲访友，也要出去买东西，不管怎么样，移山才是一劳永逸的选择，以后出行不必每次都转山绕路了呀！

什么是交通

交通，是人、货物、信息等的往来通达。

假如在古代有几个人想出远门，正好有个商人有一批货物要从家乡运往远方的一个大城市贩卖。游客和商人一起出发，他们还带了一封信，是某个朋友捎给远方亲人的。

他们该怎么去往目的地呢？可能有好几种交通方式可以选择。

他们可以把货物装在马车上，自己也坐上车，由车夫赶着马车上路。他们除了支付租车的费用，中途还要花钱在私人的驿站过夜，最后抵达目的地。

他们也可以选择租船，中间可能要经过运河甚至大海，必须换乘专用的船只才能继续航行，最终抵达目的地的码头。

抵达目的地后，商人雇骡子驮着货物去市场贩卖，游客则雇轿子前往旅店住宿，他们中的某个人还要顺便把信送给收信人。

在这趟行程中，马车、船、骡子、轿子都是交通工具；道路、驿站、

交通工具

运河、码头是交通设施；而旅客、商人在旅途中遇到的事情，就是交通故事。

这本书从交通工具、交通设施以及一些著名的交通故事这三个方面，带着大家一起看看古代的交通是什么样的。

交通设施（运河、码头和桥梁）

交通很重要

我们来想象一下，村庄里的人一辈子都没离开过村庄，见不到其他地方的人，只能和本村的人交往。

他们种植蔬果、猎捕野兽和鱼类供自己吃；他们不会纺线织布，只会用兽皮做衣服；他们只与同村的人结婚、生孩子；日复一日，他们的日子一成不变。

历史就跑在道路上

某天，一位胆大的村民带着行囊离开了家，要去远方看看。他发现了另外的村庄，看到这里的人穿着纺织出的绸布做的衣服，而这里的人对他所携带的食物很感兴趣。两个村子的人相互交换物品、交流技术，仿佛打开了一扇新世界的门。

于是更多的人往不同方向走去，发现了更多的村庄。人、货物、信息的交流越来越频繁，所有人的日子都过得越来越好了。

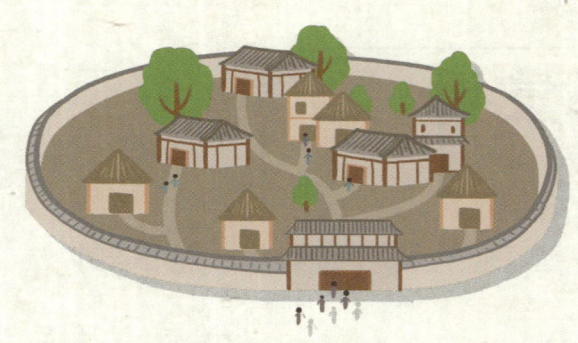

一些人搬出原来的村庄，到交通便利的路边去居住并向往来的人出售商品。这样的人越来越多，聚集起来形成了集市；渐渐地，又在集市的周边形成了新的居民区，并修建了城墙保护里面的居民——城市出现了。

要是没有交通，就不会有交流，不会有贸易，不会有城市，也不会有文明。

在五六千年前，人类文明刚刚萌芽的时候，勇敢的交通探索者就开拓了长达上千千米的交通线，比如我国黄河流域和长江流域的文明，

敦煌莫高窟壁画中的商队

虽然相距遥远，但是早就有接触和交流。文明之火在交通的帮助下烧得越来越旺。

在 2000 多年前，丝绸之路开通。沿着这条交通路线，大量的物产、技术、知识在沿线国家和民族之间互相交流。得益于丝绸之路，以及后来逐渐开通的各种交通线路，我们吃上了原产于其他国家的胡萝卜、玉米、葡萄、石榴等，穿上了棉布做的衣服，享受到了琵琶、箜篌等乐器发出的美妙音乐；我们的丝绸、茶叶、陶瓷和各种好吃的也传到了世界各地。文化和物产的交流，让我们的生活越来越舒适、幸福。

现在，你知道交通有多重要了吗？

古人的交通方式

你每天上下学采用什么交通方式？坐私家车、地铁、公交车，还是骑车或者步行呢？上一次出远门，爸爸妈妈带你是坐火车、坐飞机，还是坐轮船呢？

古人怎么出行呢？让我们穿越时空，去看看他们的交通工具是什么样的吧。

> 古人的力气都很大呀！划船靠人力，拉车也靠人力。现在的人多走几步路就嫌累呢！

> 古代因为交通工具比较落后，所以做好多事情都需要人力，但随着交通工具的发展，人们开始借助交通工具出行，不再单纯地靠人力了。这其中凝聚着无数古人的智慧。

清明上河图(局部)

历史就跑在道路上

什么能替代腿和脚

人类生活在陆地上,腿脚就是我们天生的交通工具。我们或走或跑,把自己带到不同的地方。科学研究发现,我们的祖先就是从非洲一步步走向亚洲、欧洲,甚至沿着冰架走到了美洲。

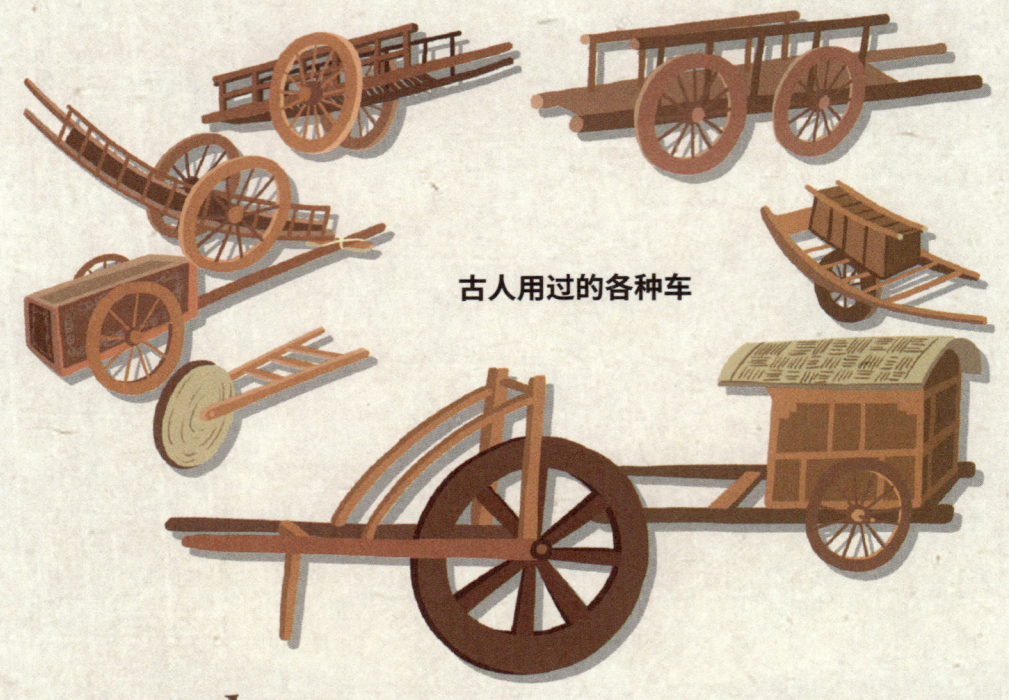

古人用过的各种车

抬轿

随着技术的发展,古人发明了很多陆上交通工具。

有些交通工具是依赖人力的,比如独轮车、人力车、轿子等。

不过人的体力和耐力有限，为了省力、快捷，人们在驯化马、牛等牲畜后，自然想到用这些动物作为交通工具的动力，可以直接让它们驮着人或货物，也可以让它们拉着车或雪橇。

马拉雪橇

不会游泳怎么办

地球表面的 30% 是陆地，其他都是水域，包括辽阔的海洋、流动的河流、平静的湖泊、潺潺的溪流等。人们可以轻松跨越狭窄的溪流，也能游过不宽的河流。可如果是面对大江大河、大海大洋，光靠游泳是没办法通过的。于是，聪明的古人逐渐发明了各种水上交通工具，先征服河流和湖泊，最后又征服了海洋。

人类最早的水上交通工具是木筏和独木舟，除了顺水漂流，也可以用人力划桨、撑篙或拉纤移动。

木筏

拉纤的船　　　　撑篙的船

同样，只依靠人力是不够的，要想办法利用其他的力量。风是空气流动的现象，如果用一种东西兜住风，利用风的力量把船带到想去的地方，那就能又省力又快捷。于是古人发明了装在船上的帆。技术先进的帆船甚至在逆风时也能利用风力，一往无前。

帆船

交通设施

无论是步行、骑马，还是坐车、坐轿子，有道路会更方便快捷。古代的道路大多是土路，有的是特意修建的，有的则是长期人走车行慢慢形成的。

城市里或富裕的村镇中，会有石板或砖铺成的路。这些路有的专门铺了车辙，也有的被来来往往的车轮轧出了车辙。

江苏镇江西津渡古街上方便独轮车通行的石头车辙

古道上被轧出的深深车辙

"黄土垫道、净水泼街"这种做法直到民国时期还有。

古代的道路条件比较差，和现在平坦的柏油马路、高速公路没法比。明朝和清朝的皇帝出宫时，有专人负责"黄土垫道、净水泼街"，就是用黄土把道路上的坑坑洼洼临时填平，再泼上水，减少车驾的颠簸，避免扬起尘土，保证皇帝顺畅出行。

遇到河流，人们就得架桥或者乘船通过。桥有固定不动的，比如石桥、木桥；也有浮桥。浮桥在洪水季节时一般会拆除。有船或筏子摆渡的地方叫渡口。在渡口用船或筏子来代替桥梁，负责把人、车和货物运到河对岸。

到了清朝晚期，国外的火车和铁路技术传入我国。国内最早的铁路和配套的火车站开始修建。

道路、桥梁、铁路、火车站，这些都是陆上运输的交通设施。

船只走水路。河流和大海就是天然的水路，但是，有时候这些天然的水路会淤塞无法通航，或者不通向想去的地方，那就需要人工疏浚河道，甚至修建运河。此外，船只靠岸需要码头来上下人员、装卸货物。

渡口、运河、码头就是水上运输的交通设施。

其实古代也有帆车，一些古书中有相关记载。比如隋朝有个人叫宇文恺，他曾经为皇帝造过一辆豪华大车，叫"观风行殿"（意思就是移动的宫殿）。观风行殿可以

既然有帆船，那有没有帆车呢？

13

容纳几百人,能跑得飞快。据说就是因为它上面安装了帆(也有人认为观风行殿是一种大型马车或牛车)。

观风行殿示意图

帆船主要航行在海上。海上风力很大,而且风向往往在一定的季节、一定的地理位置是固定的。比如有的地方夏天刮南风,冬天刮北风。帆船就可以在夏天从南航向北,然后等到冬天再返回。

但陆地上不一样,由于地形复杂等原因,陆地上的风向总是难以捉摸,甚至经常变换。没有可靠的季风,帆的使用率就大大降低了。而且帆非常巨大笨重,需要几个人甚至几十个人来操作,在比较小的车上就不容易使用啦。所以,古代的帆车没有得到推广。有时候,古人会在一些车上加上帆,顺风时张开,起到辅助推动的作用,但行车还是以人力或畜力为主。

加帆的人力独轮车

 古人那么聪明,怎么没有发明飞机呢

现代的交通工具,基本都是从古人的发明中继承和发展而来的。比如汽车和火车的发明,离不开古人发明的轮子。钢铁巨型轮船的发明也是在木船的基础上制造出来的。

发明车辆必须有轮子，古人可以从滚动的圆形蓬草得到灵感；发明船只需要知道浮力原理，古人看到漂浮在水面上的木头也能得到灵感；而发明飞机需要的科学理论，在大自然中是很少见的。

对于飞行，古人能够借鉴的主要是各种鸟类。但无论哪一种鸟，它的飞行原理和飞机的都不是一回事。很多古人模仿过鸟的飞行方式，比如把人造翅膀装在手臂上飞翔，结果都以失败告终。人们在模仿鸟类飞翔这条路上足足失败了几千年。直到和鸟类飞行原理截然不同的飞机的出现才使得人类飞翔取得成功。

风筝，是古人发明的会飞的玩具。它的飞行原理和飞机、滑翔机是一样的。不过古人没有在这条道路上继续探索下去。

雷震子是《封神演义》中的人物，背后有翅膀，能飞。其实，如果雷震子真的存在，就算他背上有翅膀也飞不起来。因为他没有鸟类的适合飞行的身体结构，比如非常强壮的飞行肌肉、中空的骨骼等。

明朝有一个官职为"万户"的人，他试图坐在绑着47支火箭的椅子飞上天，还手持两个大风筝协助飞行。这样的飞行原理和现在的火箭是一样的，可是古代的科学技术造不出安全的火箭。万户和他的"飞行器"被炸得灰飞烟灭。他是为了飞行梦想而牺牲的古人之一，正是有很多这样勇敢的发明家、探险家，人类的科学技术才能不断进步。

史前时期

遇山开路，伐木成舟

我们把有正式历史记载之前的时期称为史前时期，也就是夏朝开始之前大概二三百万年的漫长时期。在原始社会，我们的祖先在艰险的大自然中，想要活下来、活得更好，首先就要走出去——走出这片丛林，走出这座大山，走过这条河流，因此，在人类早期的探索中，交通占了重要的位置，也取得了重大的进步。

这里的草都已经被踩秃了，我们就往这边走吧。

没错，鲁迅先生说，世界上本没有路，走的人多了，也便成了路。原始社会的人们就是这么开路的，我们走吧！

车轮是伟大的发明，它很大程度上解放了人们的双腿，提高了我们行进的速度；而桥和船都是人类为了通过江河湖海进行的智慧创造。现在我们依赖的很多交通工具和设施，都是在先民们发明创造的基础上改进的，这么一想，是不是觉得史前时期也没有那么神秘和遥远了？

最早的交通工具：牲畜

古人驯化马、牛等牲畜后，获得了畜力作为交通动力。人们可以骑在牲畜上前进，或者让它们驮货物、拉车。

商人

传说驯服马的是古代商部落的首领相土。相土是黄帝的后代。他经过多次尝试，终于先将野马驯服成家马，再训练家马拉车驮物，使马成为重要的交通运输工具。后来，商部落还驯服了牛、羊、狗、鸡、猪和大象。相土的后人王亥用牛车和四方部落贸易，商部落从此越来越强大。王亥的后人成汤最终建立了我国古代第二个奴隶制王朝——商朝。

商部落的人擅长做买卖，到了后来，他们的贸易范围更广，甚至和远在广东的越人进行过贸易，得到了珍珠、犀牛角和玳瑁等珍贵宝物。在殷墟遗址中，人们发现了来自湖北的绿松石，来自海边的贝壳和鲸鱼骨。因为商人擅长做买卖，所以人们逐渐把所有做买卖的人都称为商人。此外，与买卖有关的很多词语都有一个"商"字，比如商品、商标、商店等。

最早的"旅行达人"

黄帝被尊为中华民族的人文初祖。他所处的时代相当于由原始社会向奴隶社会的过渡阶段。据记载,黄帝长期在外征战和游历,向东一直到了今天山东的海边,并登上了泰山,向西到了今天甘肃的崆峒山,向南到了长江,向北到了游牧民族居住的地方,真是远古时代的"旅行达人"。

另一位远古时代的"旅行达人"是大禹。他在治水时曾经走遍九州,在陆上就坐车,在水中就坐船,在泥沼中就坐橇,在山上就坐滑竿。经过很多年,大禹终于开辟了九州之间的道路,疏通了很多条河流,治理了很多个湖泊,测量了很多座大山。同时,大禹还一路考察了各地的物产、贡赋和山川地形,调查当地交通。他走过的地方比黄帝还要多。

传说中的黄帝

大禹治水

也就是说,在黄帝和大禹的时代,就已经有了车和船,对吗?

很可能哦!经过漫长的历史发展,才有了我们今天的车和船。

轩和辕都是车的构件,轩辕代指车。

据记载,黄帝本姓公孙,后改姓姬,号轩辕氏。轩、辕是车的一部分,"横木为轩,直木为辕"。据说正是因为黄帝发明了车,才号轩辕氏的。

车的前身是橇,一种在泥地或冰雪地等摩擦力小的地面上移动的交通工具,没有轮子,用人力或者动物驱动。因为橇对地形要求比较特殊,所以只在一些特殊地方使用。

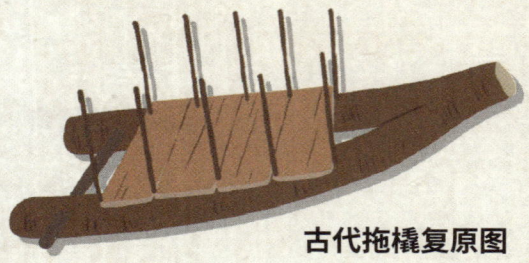
古代拖橇复原图

海边渔民使用的泥橇

在不好行橇的地方，古人在橇下面放上圆木来帮助移动，后来又把整块原木切成的圆形的轮子固定在橇上，橇就变成了车。这种圆木车轮叫作"辁（quán）"，是最古老、最简单的车轮。

车轮的演变

关于车的发明人，也有人说是夏朝的工匠奚仲，传说他创造了世界上第一辆用马拉的木车，被后人称为"造车鼻祖"。

风后氏

据说，最早的指南车也是黄帝发明的。黄帝可真是个交通达人！

指南车？我只知道指南针……

21

指南车，也叫司南车，是一种通过机械装置来指示方向的车辆。无论怎么转弯，指南车上的小人儿始终会指向南方。

传说，黄帝统率的炎黄部落在涿鹿大战蚩尤统率的九黎部落时，遇到大雾分辨不清方向。黄帝和臣子风后造出了可以辨认方向的指南车，才冲出大雾，最终经过苦战打败了蚩尤。指南车在这场大战中立下大功。当然，关于指南车到底是谁发明的，也有很多不同的说法。

指南车为什么能一直指向南方呢？是因为指南车内有一套复杂的齿轮系统，无论外面的车轮怎么转向，里面的齿轮系统都会控制小人儿的手指始终指向一个方向，也就是南方。

现代复原的指南车

遇水不怕，有筏和船

遇到河流挡住了去路，怎么办呢？人们发现，抱着浮在水面上的竹木，或者把葫芦绑在腰上，可以帮助自己游过去。古人受此启发，把很多根木头、竹子绑在一起，做成筏，站在或坐在筏子上，用手划水，这就是最早的水上交通工具。

筏，也叫"泭（fū）""桴（fú）"。最简单的筏就是把木头、竹子等长条形的可浮于水上的材料整齐排列好，再用藤条、皮条捆扎起来。后来，人们又在最简单的筏上绑上了皮囊、葫芦等有浮力的物体，比如在黄河上使用的羊皮筏。

博物馆中的交通

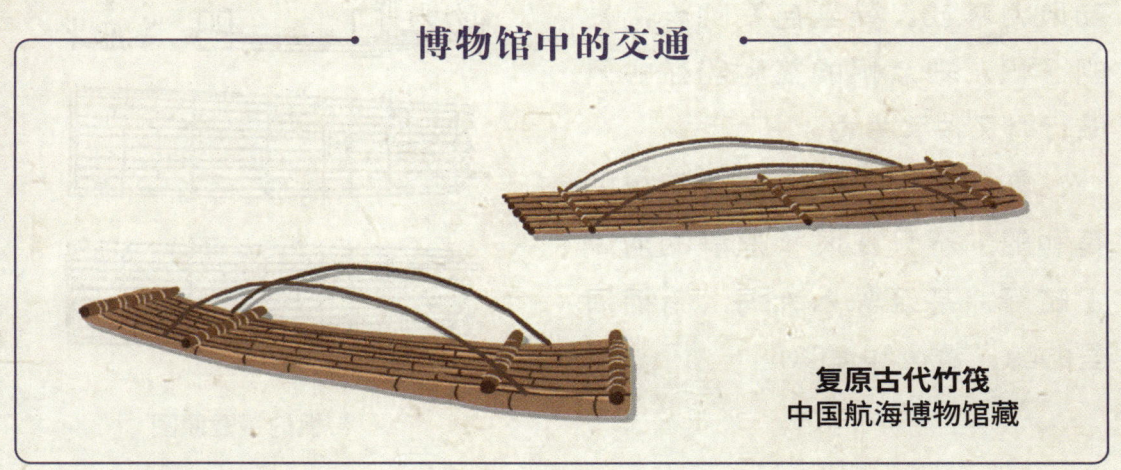

复原古代竹筏
中国航海博物馆藏

船比筏复杂，发明的时间也晚一些。最早的船是独木舟，古人称之为"俞"，制造方法是找一根粗大的原木，用石器或火将中间掏空作为船舱，再经过简单修整就造好了，这样的工艺叫作"刳（kū）木为舟"。有的独木舟会加上边架，增强稳定性。

刳木为舟

根据跨湖桥独木舟复原的单体独木舟

河姆渡文化独木舟模型

原始社会的筏和船大部分靠划桨和撑篙来移动,速度不快。传说大禹看见水里有一种鱼。它背上的鳍在有风时会竖起,以借助风力移动。受到启发的大禹发明了帆。安装帆的筏和船在顺风航行时又快又省力。

勇敢的古人乘着这些简单的筏和船,不只在风平浪静的河湖上航行,甚至驶入大海,猎捕海里的鲸、鲨鱼和海豚!

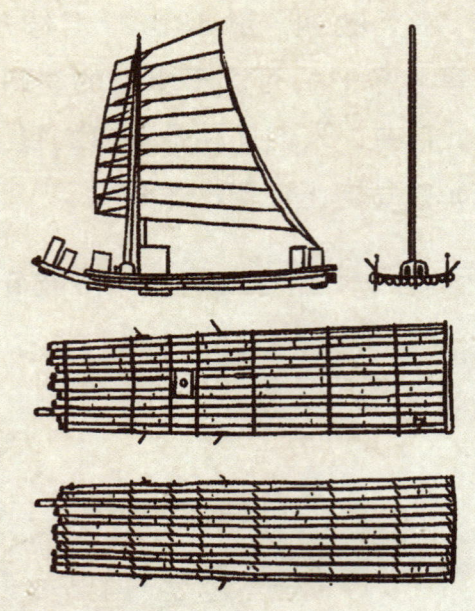

带帆的筏复原图
古人曾经驾驶这种筏进入大海。

最早的道路和桥

在新时器时代晚期的聚落里,人们开始有意识地修建道路。那时候的路是这么修建的:先用火烧地面,再把碎石头、碎陶片、碎兽骨铺在地上压平,就成了一条平整结实的路;还有的路是用黄土混合碎石头铺成的。在某些古道路遗迹下面甚至有排水管道,可以防止大雨冲毁路面。可见在原始社会晚期,古人已经掌握了不少修建道路的技术。

在一些民间传说中,大禹治水时,遇到河海有时用鼋(yuán)鼍(tuó)当作桥梁。鼋是一种巨大的爬行动物,长得像鳖;鼍是扬子鳄。难道大禹是踩在鼋鼍的背上渡水的吗?

那当然不可能,有人认为鼋鼍其实是水中露出来的石头,形状像浮出水面的鳖和鳄。古人踩着这些石头过河，它们就像天然的桥梁。后来，人们有意在一些不深的水域，用石头建造这种涉水的建筑，叫作跳岩或者过水梁，这就是桥梁的雏形。今天，一些地方的人们还在使用这种过水梁。等到古人减少跳岩石墩的数量，在上面铺上木板，就造出了真正的桥梁。

湖南凤凰沱江上的跳岩

跳岩变成桥梁

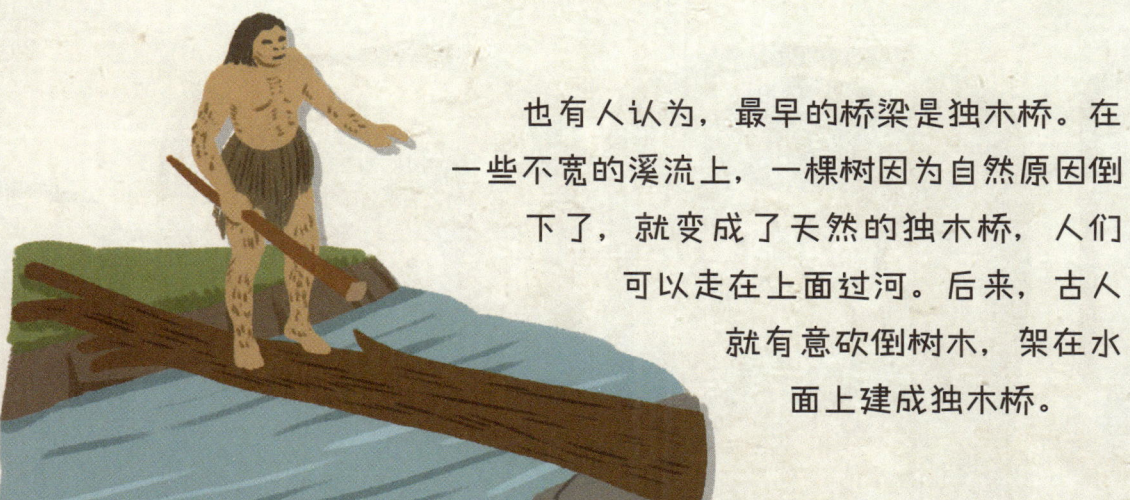

也有人认为，最早的桥梁是独木桥。在一些不宽的溪流上，一棵树因为自然原因倒下了，就变成了天然的独木桥，人们可以走在上面过河。后来，古人就有意砍倒树木，架在水面上建成独木桥。

夏商周

乘车和骑马

夏朝和商朝是我国历史上最早的两个王朝。夏人和商人的活动范围主要在黄河流域，大体就是古人说的中原一带。

周朝是我国历史上的第三个朝代。周朝疆域比夏朝、商朝要辽阔，除了周王室直接统治的地方，还分封了很多诸侯。不同诸侯国之间，以及周朝与周边民族之间，都有交通往来。

《西游记》里孙悟空一个筋斗就能飞十万八千里，这种特异功能是怎么练成的呢？

这我就不知道了，但是我知道另一个"西游记"，主角是周穆王，而且他跟孙悟空一样，也见过王母娘娘！

今天的人们已经不再把马车当作重要的交通工具，却把"驷马难追""南辕北辙"这些与车相关的成语挂在嘴边。那时候人们开创的帆船和栈道，虽历经发展和变化，却依旧伴随着今天的我们出海、上山，继续走那些难走的路。

没错，就在几天前本王驾着八匹骏马拉的车，西行三万五千里，去昆仑之丘，跟西王母一起喝过酒。从中原到西域，真是难忘的旅行体验啊！

设计越来越合理的车辆

考古学家目前还没有发现过夏朝的车辆。但据记载，夏朝在战争中曾动用过战车和运输车。

目前发现的最早的车是商朝的。这些车可以乘坐1至3人不等，由2至4匹马拉，有2个轮子，都是战车。运输车应该是比战车更大的4个轮子的牛车。

商朝马车复原图

甲骨文的"车"字

商朝的甲骨文里"车"字非常形象，就像由车厢、车辕和车轮组成的一辆车。最初的车很简单，就是车厢下面有车轮，前面有一根辕，驾车的牛马套在辕的衡上。

后来车逐渐改进，到商朝晚期和周朝的时候，车的结构已经非常科学合理。辕从直的变成了曲的，这样车的重量不会大部分压在拉车的牛马身上，而是转移到车轮上，减轻了牛马的负担。衡也从直的变

曲辕

双辕车

成曲的。车轮的辐条增加了，样子像现在的自行车轮，这样一来车轮更坚固了。驾车的马也增加了，从2匹增加到3至4匹，有的车甚至用6匹马拉。

藏在交通里的成语

【驷马难追】

这个成语的意思是一句话说出了口就必须算数，要讲信用，不可以再收回了。四匹马拉的车称为"驷"，这样的车跑得很快。说出的话就是四匹马拉的车都追不上，那当然不能反悔啦。

【南辕北辙】

指行动和目的相反，结果与愿望背道而驰。这个成语生动地体现了我国古代交通工具和设施的一些特点：辕是车前面与牛马连接的长木，辕的方向就是车头的方向；而辙是车行进时车轮轧出的痕迹，也指古代路上行车的轨。原本是要往南走，可实际上车轮却走上了向北的辙，这不就是正好相反吗？

博物馆中的交通

3000年前商朝曲衡车的复原品，这种车用2匹马拉，车轮有18根辐条
临淄中国古车博物馆藏

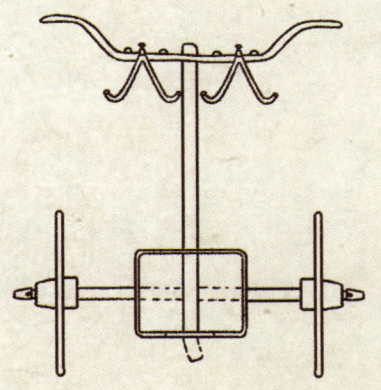

战国时期贵族豪华马车的复原品，辐条增加到30多根
甘肃省博物馆藏

商朝曲衡车结构图

历史就跑在道路上

戎车是周朝的战车。车上有3名武士，中间的人驾车，左边的人负责指挥和射箭，右边的人用戈或矛格斗，有时还要下去推车。车周围还有伴随的步兵。

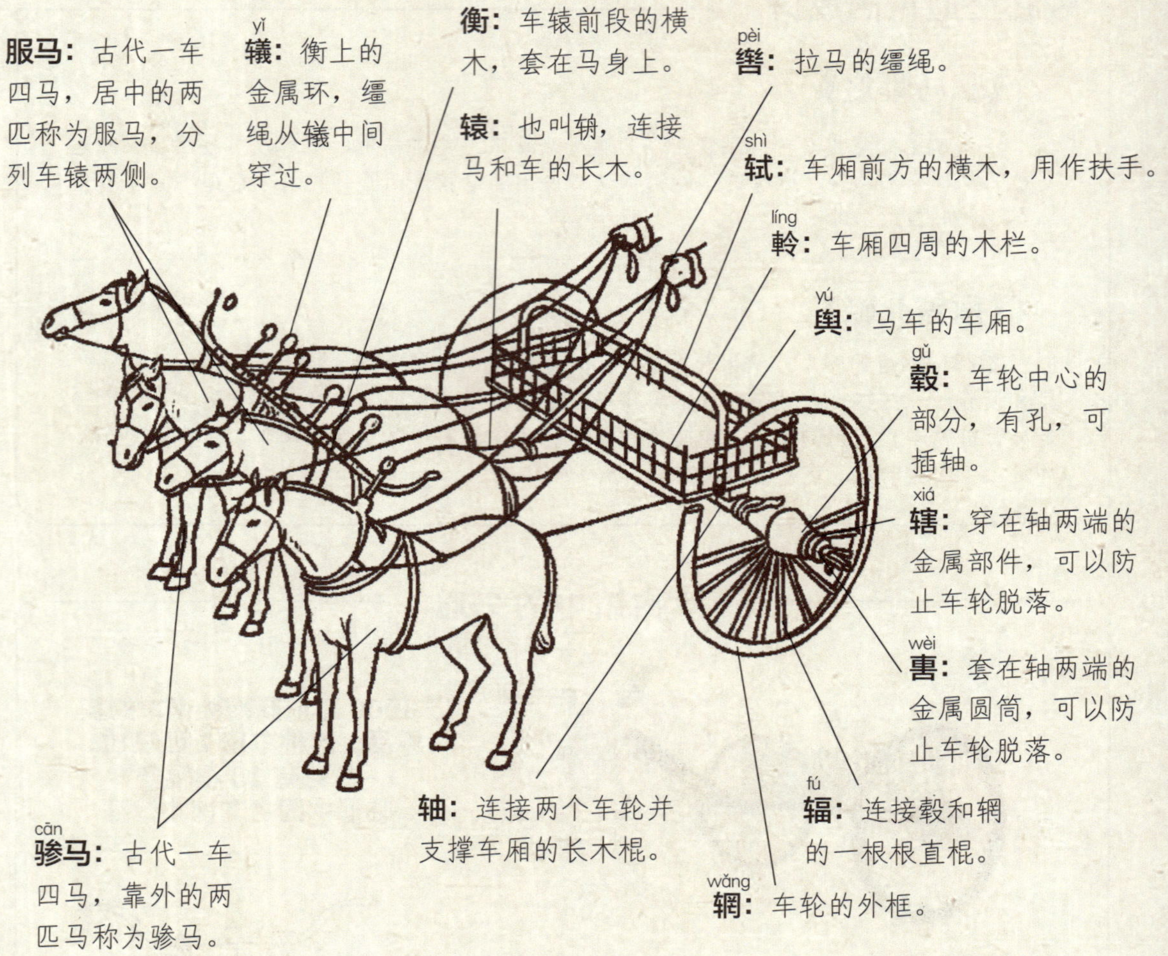

服马： 古代一车四马，居中的两匹称为服马，分列车辕两侧。

轙（yǐ）**：** 衡上的金属环，缰绳从轙中间穿过。

衡： 车辕前段的横木，套在马身上。

辕： 也叫辀，连接马和车的长木。

辔（pèi）**：** 拉马的缰绳。

轼（shì）**：** 车厢前方的横木，用作扶手。

軨（líng）**：** 车厢四周的木栏。

舆（yú）**：** 马车的车厢。

毂（gǔ）**：** 车轮中心的部分，有孔，可插轴。

辖（xiá）**：** 穿在轴两端的金属部件，可以防止车轮脱落。

軎（wèi）**：** 套在轴两端的金属圆筒，可以防止车轮脱落。

轴： 连接两个车轮并支撑车厢的长木棍。

辐（fú）**：** 连接毂和辋的一根根直棍。

辋（wǎng）**：** 车轮的外框。

骖马（cān）**：** 古代一车四马，靠外的两匹马称为骖马。

此外，还有驴车、骆驼车、羊车等。还有一种简单轻便的人力两轮车，叫作辇（niǎn）。

金文"辇"，明显是两个人在拉车的样子。

从乘车到骑马

东周以前,中原地区的古人都是用马拉车或驮货,并不直接骑马。周朝贵族必须掌握的六门基本本领中,就有驾车这一门。

到了春秋战国时期,因为车辆对道路要求高,没办法进入一些地形崎岖的地方。而在一些游牧民族居住的地区,人们从驯化马之后就会骑马,比坐车更方便,中原地区的古人便学习他们开始骑马。赵武灵王"胡服骑射"之后,骑马之风更加普遍。

原来如此

鞭策

鞭策有督促、激励的意思。这个词中的"鞭"就是马鞭;而"策"呢,是一端有尖刺的棍子。古人驾车和骑马时,要用"鞭"和"策"抽牛或马,驱赶它们加速。慢慢地这个词就很形象地用来比喻督促人做某事了。

在"胡服骑射"之前,古人就会骑象了。商朝气候温暖,河南一带有野生大象。人们利用驯服的大象来驮货和骑乘。

博物馆中的交通

战国秦骑马武士俑
咸阳市文物考古研究所藏

商妇好墓出土的玉象
中国考古博物馆藏

从独木舟到木板船

商朝青铜工具的品种已经很丰富，比如青铜斧、青铜锯、青铜凿。锋利的青铜工具可以用来加工木板，于是出现了木板拼接的船。商朝甲骨文的"舟"字就是一个木板船的模样。

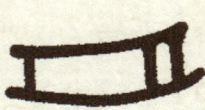

商朝甲骨文的"舟"字

到了周朝，木板船就取代了筏和独木船，造船技术更加先进。此时出现了一种把两艘船并排的双体船，叫"方舟"，还有更大的四条单体船连成的"维舟"。方舟和维舟的航行速度较慢，但比单体船更平稳，能装载的东西也更多。

周朝的战船种类很多，有的战船速度非常快，从四川沿着长江顺流而下，每天能行 300 多里，只要 10 天就能抵达湖北。

博物馆中的交通

战国宴乐渔猎攻战纹图壶 故宫博物院藏

从战国宴乐渔猎攻战纹图壶上的水战图案，可以看出这时候的战船是两层的，下面是划桨的船员，上面是手持武器战斗的士兵。

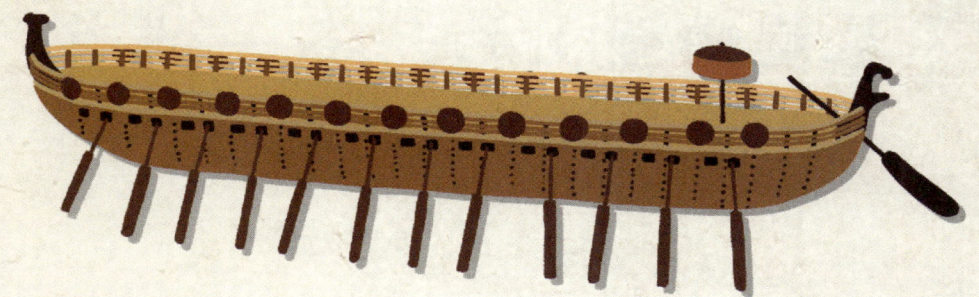

周朝战舰大翼船模型

　　周朝的帆船已经非常先进，船只不必完全依靠人力划桨推进。此时的帆已经是先进的纵帆，纵帆的特点是八面来风都可以转化为动力。横帆则只能顺风行驶，如果碰到逆风就寸步难行了。欧洲人直到1600年后才学会使用纵帆。

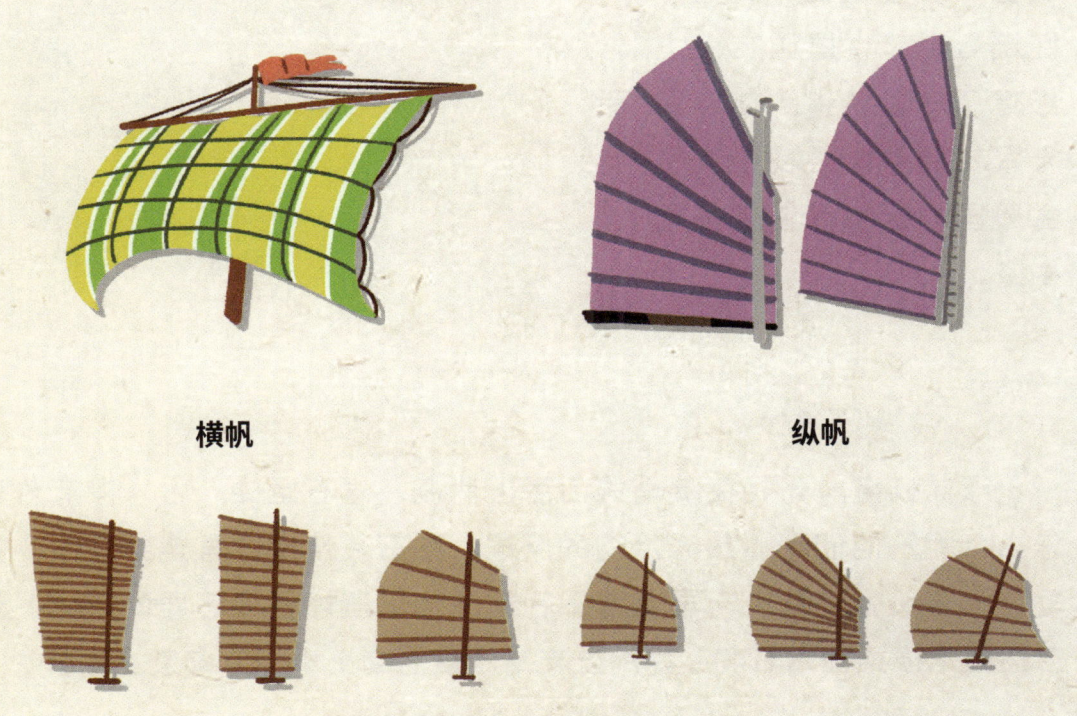

横帆　　　　　　　　　　纵帆

中国古代帆船上的纵帆样式

历史就跑在道路上

悬崖峭壁上的天路——栈道

栈道是用木头修建在悬崖峭壁上的道路，仿佛是架在半空中的天路。

传说战国时期，秦国想要吞并古蜀国（今四川地区）。可是，古蜀国被群山包围，没有道路通行。秦王就给蜀王送了一头据说会下黄金的石牛。为了迎接石牛，古蜀国在山上修建了一条栈道，而秦国大军就顺着这条栈道灭了古蜀国。这条栈道就是金牛道。

栈道

修建栈道，先要在陡峭的山崖上凿洞。岩石坚硬，古人没有炸药怎么办呢？他们利用热胀冷缩的原理，把石头烧热，再浇上凉水，重复几次石头就开裂了，再用凿子和锤子把破洞修整成想要的形状，然后把粗木横梁插入石洞，并加上支撑，最后铺上木板，安装上栏杆。

古人修栈道的过程

第一步:用火把石头烧热。

第二步:向热石头上泼冷水。

第三步:石头已经破裂,再用凿子和锤子凿出石洞。

第四步:把粗木横梁插入石洞,并加上支撑。

第五步:铺木板、装栏杆。

行遍天下

秦朝的交通以都城咸阳为中心，用驰道、直道和运河连通全国各地，到达了今天的内蒙古、宁夏、广东、云南等地。秦朝人不仅在国内活动，而且还有人远渡重洋——传说一个叫徐福的人就坐船到了日本。

汉朝的交通比秦朝更发达。汉朝人行走在以长安、洛阳为中心的交通网上，向南可以抵达今天的海南和越南北部，向北可以抵达大漠、朝鲜半岛北部，向西可以直达新疆和中亚，向东一直到东海。

西汉的张骞经过河西走廊到了西域，开辟了长达7000多千米的丝绸之路。从此汉朝人可以到中亚、南亚、西亚甚至欧洲进行贸易。这条丝绸之路，是古代历史上最伟大的交通路线之一，在之后2000多年里一直发挥着巨大的作用。

瞧，我的飞机尾翼多轻盈，而且它能像真的飞机尾翼一样起到调节方向的作用。瞧那笨重的船舵！

你可知道飞机尾翼控制方向是借鉴了船舵的原理。

飞机航线、高速公路、高山隧道……自古以来使古人备受困扰的"蜀道难"问题，已经被今天的我们解决了。可是，我们不要因此而小看了古人的智慧——汉朝开创的丝绸之路，今天仍然是重要的对外贸易与文化交流通道。汉朝人发明的船舵，以及研究出的与船舵相关的技术原理，我们也继承、发展、使用到了今天。

船舵可是我们这个时代的伟大发明啊！

历史就跑在道路上

"交通达人"秦始皇

秦始皇是中国历史上第一位巡游全国的皇帝。他曾经五次出巡，到过山东、甘肃、宁夏等地，还去过河北秦皇岛的海边，甚至病逝的时候他就在巡游的路上。

原来如此

秦皇岛

秦皇岛是河北省的一座地级市，临近海边，拥有很多度假景区。秦始皇第四次巡游时，抵达今天的秦皇岛暂住，在这里看到了著名的"碣石"，并派方士入海求仙，这座城市因而得名。

为了促进交通的发展，秦始皇颁布了"车同轨"的政策。

轨指车子两个轮之间的距离，"车同轨"就是由政府规定全国车辆的轮距统一为六尺（大约140厘米）。

古代的道路上，车辆行驶轧出来的深深车辙，就像火车的铁轨一样。如果车辆的车轮和车辙相吻合，车轮轧在车辙里行驶既省力，又利于保护车轮；如果不吻合，不仅起不到省力效果，车辆还会难以控制。

在秦朝统一六国前，各国的轮距各不相同。那时候车辆在各国间行驶，就非常不方便。

秦朝施行"车同轨"政策之后，车辆就可以在全国畅行无阻。"车同轨"制度深深地影响了之后历代王朝的交通政策。

原来如此

正轨

人们做什么事情，一旦度过了磨合期，就会做得很顺手。这时人们就会说："总算步入正轨了。""正轨"这个词就来自古代交通里的概念。如果车轨不符合规定，与车辙不吻合，车就走不快，也容易翻，所以凡事还是步入正轨比较好。

奔跑的秦朝马车

秦朝还开创了古代的"高速公路"，名叫驰道。秦朝统一全国后，兴修了8条驰道——西方道、秦栈道、武关道、东方道、滨海道、临晋道、上郡道、北方道，把全国各地的主要城市和都城咸阳连接在了一起。

直道也是秦朝修建的一种"高速公路"，从陕西淳化一路向北，全长700多千米，主要用于军事方面。直道的路线更直，最宽处约60米，可以并排行驶10辆战车，遇有北方紧急战事，秦朝大军就经由直道快速抵达北方前线。

我国西南地区山多，自古以来就交通不便，秦朝开始修建西南夷道，到了汉朝，又继续修建，开通了夜郎道和灵山道。这些道路穿行在崇山峻岭之间，消耗了不少人力物力，也发挥了很大作用。

藏在交通里的成语

【夜郎自大】

夜郎国是汉朝时西南方的小国，交通不便利的时代，与外界联系很少。夜郎国王觉得自己的国家国土面积很大。汉朝皇帝派使者来到这里，夜郎国王问使者："夜郎国和汉朝哪个大呢？"其实夜郎国也就汉朝的一个县那么大。后来"夜郎自大"就被用来比喻人不自量力、妄自尊大。交通不便利就是产生这种心态的一个原因呀！

秦汉时期还修建了南越道、褒斜道、回中道、子午道、飞狐道等道路。其中褒斜道、子午道都是陕西通往巴蜀的重要通道。

蜀道难（节选）

[唐] 李白

噫吁嚱，危乎高哉！
蜀道之难，难于上青天！
蚕丛及鱼凫，开国何茫然！
尔来四万八千岁，不与秦塞通人烟。
西当太白有鸟道，可以横绝峨眉巅。
地崩山摧壮士死，然后天梯石栈相钩连。
上有六龙回日之高标，下有冲波逆折之回川。
黄鹤之飞尚不得过，猿猱欲度愁攀援。

自古以来，蜀道难行。《三国演义》中诸葛亮"六出祁山"，率军北伐魏国，最终都是由于蜀道艰难，后勤交通无法保障而撤退。可以说交通难题，也难倒了神机妙算的诸葛亮。到了唐朝，大诗人李白还专门写过"蜀道之难，难于上青天"。

马车样式多

马在秦汉时期非常受重视，汉武帝为了获得西域的良马——汗血宝马，曾经动用大军劳师远征大宛国。

汗血宝马，产于大宛国（今乌兹别克斯坦费尔干纳盆地），据说能日行千里，还会从肩膀附近流出像血一样的汗液。

秦汉时期马车形制很多：有带车厢和窗户、可以在车内坐卧的豪华马车辒辌（wēn liáng）；有车辕上翘、只有高级官员才能坐的轩车；有装饰豪华、贵妇人乘坐的軿（píng）车；还有小型马车——安车。

博物馆中的交通

汉朝轩车画像砖
四川省博物馆藏

汉朝安车的复原模型，车上有伞状车盖
河北博物院藏

汉朝陶牛车
邯郸博物馆藏

41

历史就跑在道路上

汉朝时期，四川民间出现了一种人力车，叫鸡公车。之所以叫这个名字，据说是因为这辆车远看像公鸡，而且推着前进时会发出类似小鸡"叽叽嘎嘎"的叫声。

鸡公车的车轮在前面，人在后面推，用布条套在肩膀上承重，一辆车可以运100～150千克的货物。

汉朝画像砖里的鸡公车和复原图

伟大的船舵

秦汉时期出现了楼船，一种又高又大的战舰，上面宽敞得能跑马。汉朝的水军就被称为"楼船军"，其中最大的楼船高达3～4米，船上插满旗帜，非常壮观。楼船军中兵卒多达20多万人，楼船的数量有几千艘，真是一支庞大的舰队。

船舵，是我国古代航海技术上最重要的发明之一，它可以帮助船只快速转向。没有船舵时，想要让船调整航向很不方便。最晚在东汉晚期有了船舵，人们能更轻松地操纵越来越大的船只。

汉朝楼船复原图

42

博物馆中的交通

汉朝陶船模型，船尾有舵
中国国家博物馆藏

橹大约也是汉朝发明的，应用了杠杆原理，既可以控制航向，又能比桨更轻松地推动船只，所以有"一橹顶三桨"的说法，意思就是推动船的时候，摇一下橹顶得上划三次桨。一直到现在，小型木船都主要以橹作为推进工具。

安装橹的小船

藏在交通里的成语

【看风使舵】

这个成语比喻态度、做法等跟着情势转变方向，含贬义。舵是安装在船尾用来帮助船只转向的工具。最初这个词形象而忠实地描述了人们在船上对舵的使用。渐渐地，这个词不再专属于行船的领域，有了比喻义。这个词从侧面反映出古时候的人们对舵的熟悉和了解。

船舵是人类造船和航海历史上非常伟大的发明。正因为有了船舵，人们才能够在风浪中掌握行船方向，敢于驾船冲向更广阔的海洋！

没错！船舵传到了欧洲，推动了欧洲人对船只的改进。后来欧洲国家的一些人驾船去往世界各地的海洋，寻找新的贸易路线，开拓未知的疆土，开启了大航海时代！

43

魏晋南北朝

马更快，船更稳

魏晋南北朝时期，中国长期处于分裂状态，尤其是南北方长期对立，大一统的局面被破坏，贯通全国和通往国外的交通线也受到破坏。因为各方割据，全国被分隔成多个交通区域，此时的交通更多是区域性的交通，不如之前四通八达。

但是在此期间，交通方面的技术发展并未停下脚步，还出现了影响全世界的重要发明——马镫和水密隔舱，以及木牛流马等交通"黑科技"。

从宏观的视角来看，如果没有马镫，就没有欧洲中世纪的骑士时代；如果没有水密隔舱，就没有世界历史上的大航海时代。魏晋南北朝时代的一些发明至今仍在被使用，我们去马场上骑马玩儿的时候，我们乘坐远洋轮船出游的时候，都会用到魏晋南北朝时期的发明哟！

没错！马镫使骑行更快、更舒服。它就产生在魏晋时期，这么一个小小的铁环可是一项重大发明啊！

历史就跑在道路上

 # 影响世界的发明

　　小朋友们去骑马，注意脚要放进马镫。小小的马镫作用很大，可以帮助人上下马，可以让人在骑马时稳住身体，就像今天的汽车安全带一样，保护人身安全。

　　在古代，无论是骑马作战还是日常赶路，马镫都是非常重要的。而马镫在魏晋时期已经出现。

中国古画里骑马的官员与西方绘画中威风的拿破仑，都离不开小小的马镫。

博物馆中的交通

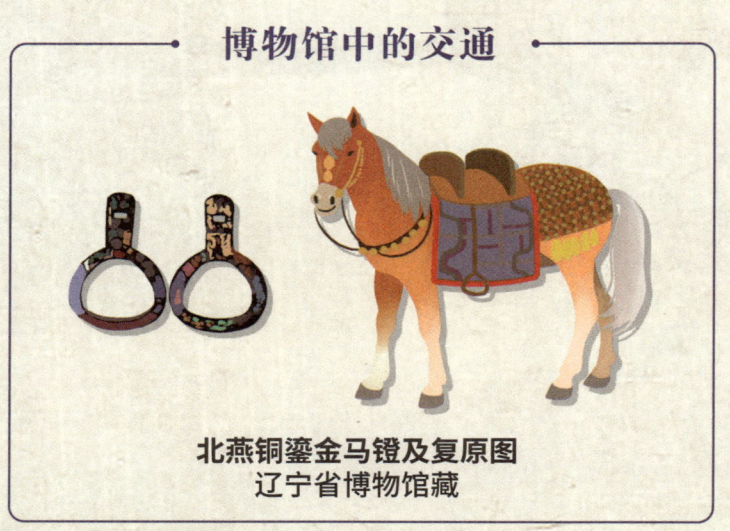

北燕铜鎏金马镫及复原图
辽宁省博物馆藏

　　马镫发明前，骑手只能坐在低矮的鞍具上，两腿用力夹着马肚子以防掉下去，十分费劲。马镫发明后，骑手双脚有了支撑点，上下马更容易，马鞍也可以变得更高

46

更舒服。从此，骑马就不再那么累人了。

这是一项重要的发明，大大提高了骑兵的战斗力。马镫传到西方后，催生了骑士阶层的兴起。

由于战争和交通的需要，魏晋南北朝时期的船造得越来越大，出现了不同用途的船。

西晋时期有一种叫"连舫"的大舰，长约166米，是把多艘单体楼船连在一起建造而成的，上面有高高的木楼，宽敞得可以跑马，最多可以搭载2000多人，远远望去如同一座漂浮在水面上的木头城堡。

东晋时期有一种"八槽舰"，有4层楼高，内部有8个槽，可能是早期的水密隔舱。水密隔舱是船上的一种安全设计，通过把船舱分隔成多个独立的舱室，使得部分舱室进水也不会让整艘船沉没，大大增加了航行的安全性。

"舸（gě）"是一种速度很快的船，航行起来就像马飞奔一样快，多用作战船。

带有水密隔舱的八槽舰模型

藏在交通里的成语

【百舸争流】

毛泽东的《沁园春·长沙》中有一句"漫江碧透，百舸争流"。一般会把"舸"解释成船。百舸争流就是上百条船在江面上争相疾驰，比喻人们你追我赶，争相奋斗、进步。据说舸一天一夜能开出200千米呢！这么看来百舸争流的场景是不是很有"只争朝夕"的气势呢？

历史就跑在道路上

受欢迎的牛车

魏晋南北朝时期，由于频繁的战争导致马匹不足，就连东晋皇帝都找不到毛色相同的6匹马拉车。这时，大家发现牛车也有优点，比如宽敞平稳，坐着比较舒服，于是牛车成为当时最受欢迎的车辆。

晋朝王公乘坐的"犊车"，是用8头牛拉的豪华牛车。晋朝高级官员坐的"皂轮车"用4头牛拉，因为轮子被漆成皂色（黑色）而得名。北魏皇帝专用的"大楼辇"牛车，要用12头牛牵引。

魏晋南北朝时期，尽管马车在日常交通工具中的地位下降，不过这时也出现了一些新型马车，如伯玉车，由1匹马牵引，有2个轮子和1个伞盖，供1个人乘坐。

三国时期，蜀汉丞相诸葛亮多次率领大军北伐，为了解决后勤难题，他发明了一种叫作"木牛流马"的运输工具，能走很崎岖的山道。据记载，每辆木牛流马可以运送200千克粮食，每天可以行进几十里山路。

博物馆中的交通

北朝铜牛车
深圳博物馆藏

顾恺之《列女仁智图》卷宋朝摹本中的伯玉车样式
北京故宫博物院藏

那么诸葛亮发明的木牛流马到底是牛还是马呢？

在《三国演义》里面，木牛流马充满传奇色彩。它不是牛也不是马，而是一种机械，如同活的牛马一样能搬运粮草，也不用吃草喝水，而且舌头上有控制机关。司马懿抢了几头木牛流马后仿制，也拿来运输粮草，结果正中诸葛亮的计，蜀汉军队可以通过机关操纵木牛流马跟着走，魏军却驱使不动，白白损失了大批粮草。

真正的木牛流马到底是什么样的呢？

现在大部分人认为木牛流马是一种独轮车，是在汉朝鸡公车基础上改良的。但也有人认为木牛流马是四轮车或双轮车，甚至是一种人力推动的四足机械木牛。无论如何，木牛流马都需要人推着或拉着才能前进，不可能自己往前走。

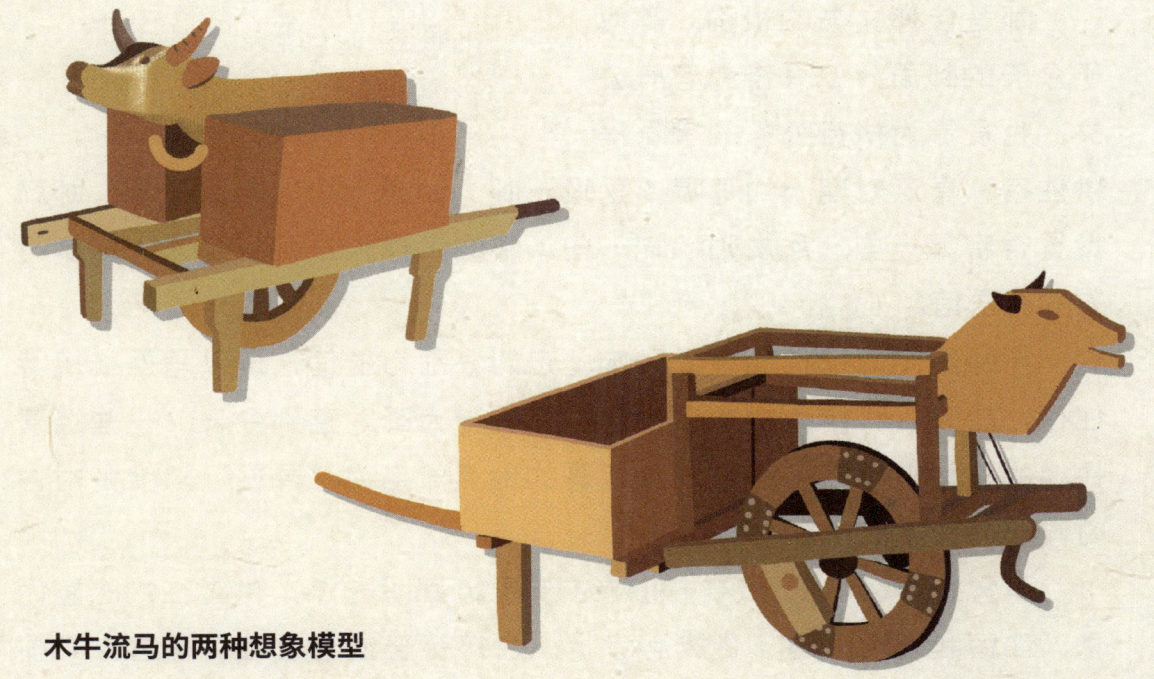

木牛流马的两种想象模型

历史就跑在道路上

邮局和旅馆

我们现在邮寄东西有快递公司，也有邮局，住宿有酒店，旅馆。古代人是怎么邮寄东西和住宿的呢？在秦汉时期，政府就已经设立了邮、驿、传、亭这4种邮驿机构，作为国营的邮局、旅馆。

> 你知道吗，我爷爷从前是小镇上的邮递员。他会把信送到收信人家里。镇上有一个绿色的大邮筒，寄信的人可以把信投进去。

> 现代人还有各种快递服务，方便多了！在古代，老百姓如果想要寄信，一般只能委托顺路的人捎去。

邮是传递文书的机构，类似于今天的邮局，但只传递官府公文，也负责为执行公务的官员提供住宿。秦汉时期大约每隔5里设一邮，如果一个地方人口多，邮就设置得密集一些，反之则稀疏一些。邮的工作人员称为邮人，以步行方式来送信。

与邮类似的机构还有驿和传，它们分别为送信人提供马匹或接待住宿。后来驿和传的功能逐渐合一，统称为驿。直到今天，一些经营快递的机构把暂存和转送邮件包裹的地点命名为"驿站"，就是对古时候邮、驿等机构名称的借用。

亭又是什么呢？秦汉时期大约每隔10里设一亭，供过往的旅客休息、住宿和吃饭，除了贵族和官员，也接待普通老百姓，是古代的国营旅馆,也兼职传递文书。每个亭都有亭长,除管理亭之外,亭长兼具辖区的捕盗职责,相当于派出所所长。建立汉朝的汉高祖刘邦,就曾经担任过秦朝的沛县泗水亭长的职务。

这么多机构,大多数是给官员使用的,那么普通人长途旅行,是不是只能风餐露宿了呢?在很长一段历史时期,还真是这样。普通老百姓是没有资格去住驿站的。不过在南北朝时期,我国大江南北佛教兴盛,很多的寺庙都会接待来往的旅人,也就兼备旅馆的职能了。

博物馆中的交通

魏晋时期"邮驿图"画像砖
甘肃省博物馆藏

在古代,要想出去旅游一趟可真是不容易啊!一不小心就风餐露宿了。

所以古代的人是不是都是露营达人啊?

历史放大镜　洛神赋图（局部）

《洛神赋图》是东晋时期的大画家顾恺之所画，表现了曹植与洛水之神相遇的奇幻场景。原画充满了画家的想象，对现实中的车、船都加以美化，但终究是基于魏晋时期的交通工具而进行的加工。本页图画临摹了其中洛神乘云车驶向远方的画面，却把一些细节搞错了，放入了一些不属于那个历史朝代的交通工具，你能找到吗？一共5处。（答案见本书第102～103页）

52

四通八达

隋唐时期，中国重新回归大一统的局面。曾经破碎的国内交通线得以再度连通。隋朝的统治时间虽然很短，但在交通方面，却作出了很大的贡献，修建的连通都城和南北地区的大运河，在当时和之后都发挥了非常重要的作用。而唐朝呢，以都城长安为中心，四通八达的道路网上，车辆往来如织，驿使来回奔波，一派繁华景象。

同时，隋唐时期的对外交通也非常发达，中断已久的陆上丝绸之路再度被打通，海上丝绸之路也已经成熟，广州、泉州、杭州等港口城市成为盛极一时的大都市。

虽然我们这时候没有红绿灯，但是也有交通规则啊！

　　唐朝的城市道路交通规则很严格，如果一名百姓冲撞了朝廷官员，就会被抓起来审问并罚款。当然也有例外，忙着作诗的贾岛撞到了大官韩愈的马车，韩愈没有把他送到官衙去，却指点他的诗句，留下了"推敲"的佳话。唐朝的交通规则，大多数没有沿用到今天，不过，隋唐时期修建的运河却流淌到了今天，坚实宏伟的赵州桥和其他诸多桥梁也都挺立到了今天。

历史就跑在道路上

惠泽千年的大运河

东晋以前,我国东南地区很长一段时间里人口稀少、经济落后。后来由于北方战乱,大量居民迁居到此地,带来了充足的人力资源和先进的技术,江南地区才迅速发展起来。

到了隋唐时期,东南一带已经成为国家重要的财富来源地。为了更方便地把江南的财富运输到都城,隋炀帝下令修建了一条长长的运河,即现在的京杭大运河的前身。

隋朝为了修建大运河,先后征调了百万名劳工。后来有人认为,隋朝之所以迅速灭亡,就是因为修建大运河等工程耗尽了国力。不过大运河却在之后上千年时间里惠泽中国交通。

到了唐朝,都城长安位于关中地区,人口众多,当地出产的粮食不够吃,只能依赖大运河运来的粮食。这些粮食大多在扬州装船,经过山阳渎、淮河、通济渠、黄河、渭河,最终抵达长安。据记载,最多时,3年共运来粮食700万石(约37万吨)。因为交通便利,大运河沿岸的扬州在唐朝成为最繁华的都会之一,一直延续到清朝。

唐朝诗人皮日休曾经作过一首诗,表达了他对大运河的看法。他认为如

都说隋炀帝是个亡国之君,他却修建了这么好的大运河,看来他也不是一无是处嘛!

人都是复杂的,怎么能一概而论呢?不过可能他自己都不知道大运河会有这么重大的历史意义。

56

果不是隋炀帝后来穷奢极欲，光是开挖大运河的功劳，就足以和治水的大禹相媲美。

汴河怀古二首·其二

[唐] 皮日休

尽道隋亡为此河，至今千里赖通波。
若无水殿龙舟事，共禹论功不较多。

隋炀帝龙舟想象图

龙舟和沙船

有了贯通南北的大运河，隋炀帝就要去巡游了。为了威风八面地巡游，他命人建造了一艘龙舟，长约60米，高约13米，上面有4层楼，房屋多达120间，有正殿、内殿、朝堂，装饰得金碧辉煌。

隋朝没有区分海船和河船，大船既可以在河流中航行，也可以直接开到海上。

唐朝出现了专门的海船，工艺非常先进，有水密隔舱，使用了榫卯和铁钉并用的连接法，这样的船只坚固耐风浪，不容易沉没。有的海船造得非常大，千里迢迢到达大食（唐朝对阿拉伯帝国的称呼，大约在今天的阿拉伯半岛一带）时，因为船太大而进不去港，乘客们还得在当地换乘小船。

沙船，是唐朝出现的一种平底、方头方尾的海船，特点是船体又长又宽又大又扁，遇到大风不容易倾覆，不容易在浅滩处搁浅，还具有能逆风航行、航速比较快等优点，主要在北方海域使用，是一种非常实用的船型，一直沿用到清朝。

博物馆中的交通

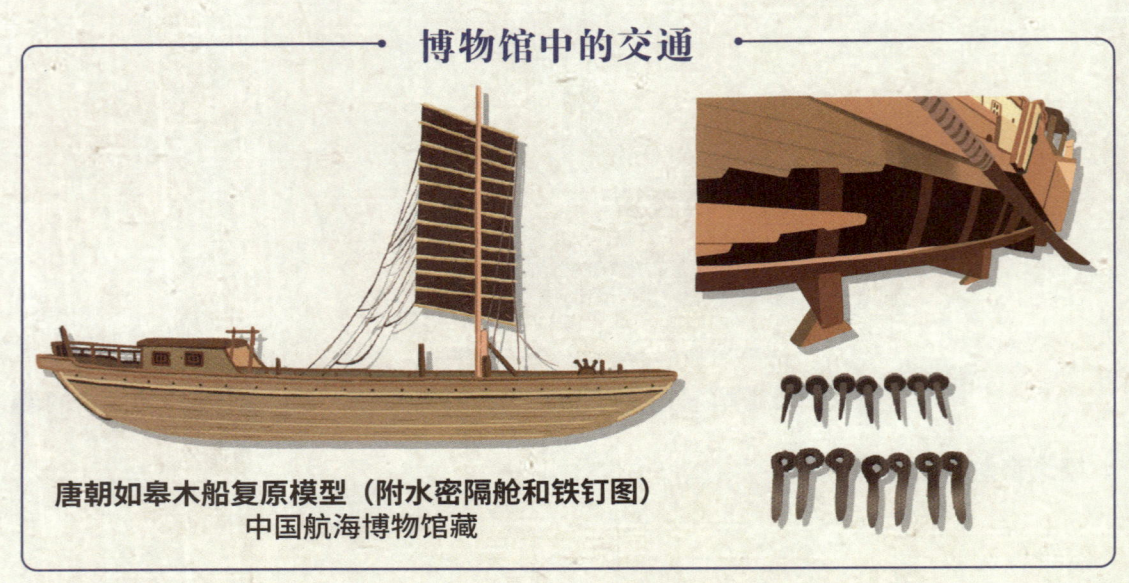

唐朝如皋木船复原模型（附水密隔舱和铁钉图）
中国航海博物馆藏

先进的造船和航海技术，带来了频繁的海外文化交流，也促进了经济发展。海船载着中国的丝绸、陶瓷、茶叶等东方好物，漂洋过海，返程时又带回了印度、阿拉伯和欧洲的各种紧俏物资。当时在泉州，有很多阿拉伯人长期居住，拜中国人为师学习瓷器技术。隋唐的繁盛、开放由此可见一斑。

赵州桥，可不是鲁班修

隋唐时期的工匠们修建了很多著名的桥梁，它们工艺精湛，有的桥梁直到现在还在使用。

拱桥是这一时期最有代表性的桥梁种类。

赵州桥，鲁班修，张果老骑驴桥上走！

你这是从哪儿听来的呀？鲁班是春秋战国时候的人，赵州桥可是隋朝修成的呀！

赵州桥，也叫安济桥、大石桥，位于现在的河北省石家庄市赵县，由隋朝人李春历时10年主持建造完成。赵州桥是世界上现存最早的石拱桥，横跨在37米多宽的河面上。赵州桥只有一个拱形的大桥洞，大桥洞顶上的左右两边各有两个拱形的小桥洞。这样的结构在当时非常先进，不仅减轻了桥梁本身的重量，还能减少洪水对桥的冲击力，所以赵州桥历经1400多年仍旧保存完整。

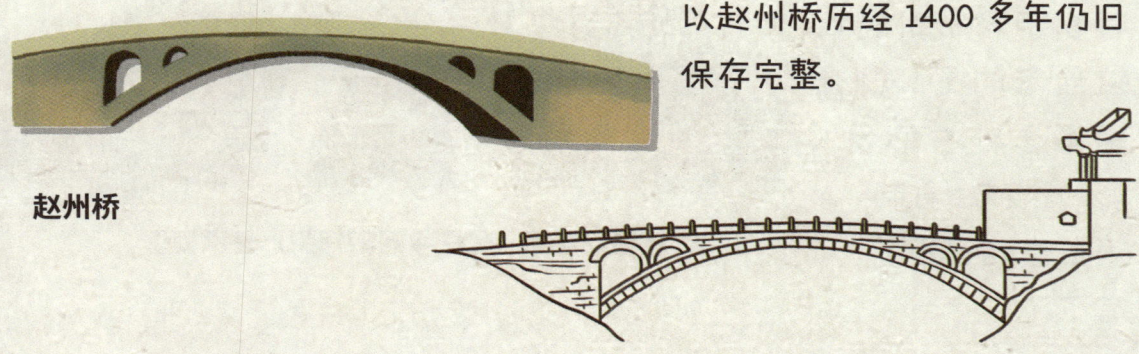

赵州桥

历史就跑在道路上

宝带桥

宝带桥，位于现在的江苏省苏州市，是始建于唐朝的著名石拱桥，因当地官员捐献宝带修桥而得名。宝带桥长达300多米，所以又名长桥，整座桥有53个桥孔，体现了当时先进的造桥技术。宝带桥后经多次重建、修葺，是我国现存桥孔最多、桥墩最薄的石拱桥。

皇津桥是始建于隋朝的一座有特点的桥梁。皇津桥是一座浮桥，位于隋唐东都（今河南洛阳）皇城端门外。这座桥的特殊之处在于随时可以开合，以方便皇家的龙舟穿过，这是我国有文字记载的最早的开合桥。

皇津桥想象图

唐朝的快递："六百里加急"

我们在古装电视剧里经常看到，有紧急军情时，带着文书的士兵高喊着"八百里加急"狂奔，路上的行人车马纷纷避让。这展示的是邮驿传递紧急公文的情形，这种加急制度在唐朝已经有了。

唐朝管城驿（位于今河南郑州）复原模型

唐朝的驿主要用于传递军事消息，并向官员、驿使提供食宿，所以也叫馆驿。唐朝的驿分为陆驿、水驿、水陆驿，共计 1600 多所。陆驿里面养着驿马，还有驿驴；水驿有 2～4 艘驿船。普通老百姓是没资格进入驿的，否则会受到杖打的惩罚。

这一时期的紧急公文，根据重要程度，可以用三百里、四百里、六百里加急的方式传递，这意味着紧急公文每天必须传递 300～600 里地（150～300 千米）的距离。按六百里加急的速度，如果广州有紧急事情需要向皇帝汇报，那么送到 1600 多千米外的长安城大约需要 6 天。这在古代已经是了不得的速度，途中可能得累死好几匹驿马。古代民间还有"八百里加急"的说法，这恐怕是古代传递公文的最快速度了。

博物馆中的交通

唐朝三彩驿使骑马俑
陕西历史博物馆藏

唐朝时期，有些人还会使用信鸽来传递信件。大诗人张九龄很会饲养和使用信鸽，他把鸽子叫作"飞奴"。信鸽比八百里加急还要快，不过能携带的信息很少，又容易丢失，所以没办法取代邮驿。

过华清宫绝句三首·其一

[唐] 杜牧

长安回望绣成堆，山顶千门次第开。
一骑红尘妃子笑，无人知是荔枝来。

据说杨贵妃喜欢吃荔枝，唐玄宗就动用了最快的"特快专递"，几天之内就把荔枝从广西运到长安，等皇宫里的杨贵妃把荔枝拿在手里的时候，荔枝还很新鲜。可以想象，这样的差事，一定是六百里加急啦。

带着指南针去远航

宋朝时，由于辽、西夏、金、大理等政权的存在，交通被分隔为多个相对独立的区域。交通工具和交通设施都出现了汉文化和其他民族文化互相影响的特点。

北宋的水陆交通以汴梁（今河南开封）为中心，主要道路长约18000千米，很多是沿用唐朝的道路。南宋失去了淮河以北的国土，淮河南北的交通从此断绝，直到元朝才得以恢复。

辽、西夏、金、大理等政权内部也有各自的交通网，彼此之间也有交通路线相连接。

快到了。

不需要看屏幕啦，我都看到港口的灯塔啦！

今天的我们，出门一般不坐牛车，不骑马，也不坐轿子，可是宋朝流行的花轿直到今天还是婚嫁的象征，很多人认为再豪华的汽车也不如花轿更有喜庆气氛。不仅如此，宋元时期开始应用于航海的指南针，把人们带到了更远的地方，灯塔又为远航船只指明了回家的方向。今天乘船出海的人们，还能看到古人修建的灯塔。这些灯塔注视着我们远航和归来。

历史就跑在道路上

坐牛车还是马车

在宋朝名画《清明上河图》上，你会发现大街上马车很少，牛车才是主要交通用车。

除牛车、马车外，宋元时期还有骡车、驴车，在辽国还用过骆驼车、鹿车。

到什么时候，大街上又出现了很多马和马车呢？那就是元朝。元朝是在马背上建立的王朝，因此非常重视骑马，皇家、贵族、高官日常出行、巡游、狩猎等都以骑马为主，民间的男女老幼很多时候也骑马，马是当时重要的代步工具。

《清明上河图》中的太平车，用2头或4头骡拉车。如果运重货的话还是得用牛拉。

欧洲的罗马教皇曾经千里迢迢向元朝皇帝进献一匹骏马。这匹马比皇宫里所有的骏马都要高大威猛。皇帝专门命画师画了一幅画留念。元朝人对马的喜爱可见一斑。

受到蒙古族养马、骑马风俗影响，马车重新成为载客车辆，变得流行起来，同时骡车、驴车也慢慢多起来。原本最常见的牛车逐渐成为运货的主要车辆。

从现有的文物来看，元朝的马车普遍是这样的形态：两

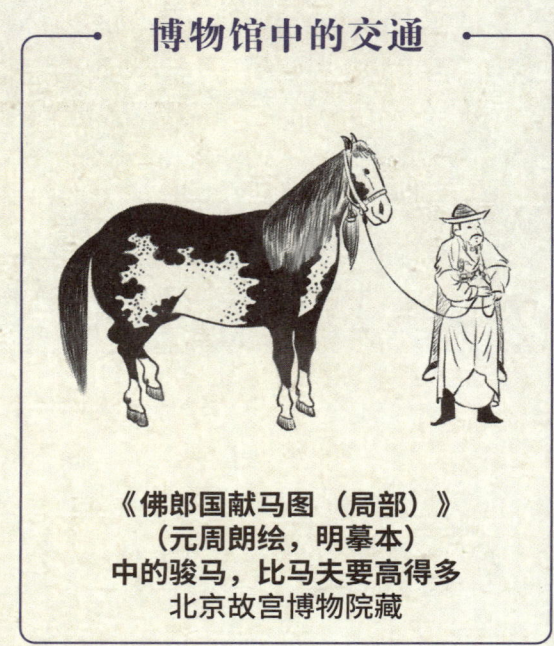

博物馆中的交通

《佛郎国献马图（局部）》
（元周朗绘，明摹本）
中的骏马，比马夫要高得多
北京故宫博物院藏

64

辕，车厢顶部像蒙古包一样中间隆起，车厢前面有门，两侧有窗，整体风格呈现出汉文化和蒙古文化融合的特点。

博物馆中的交通

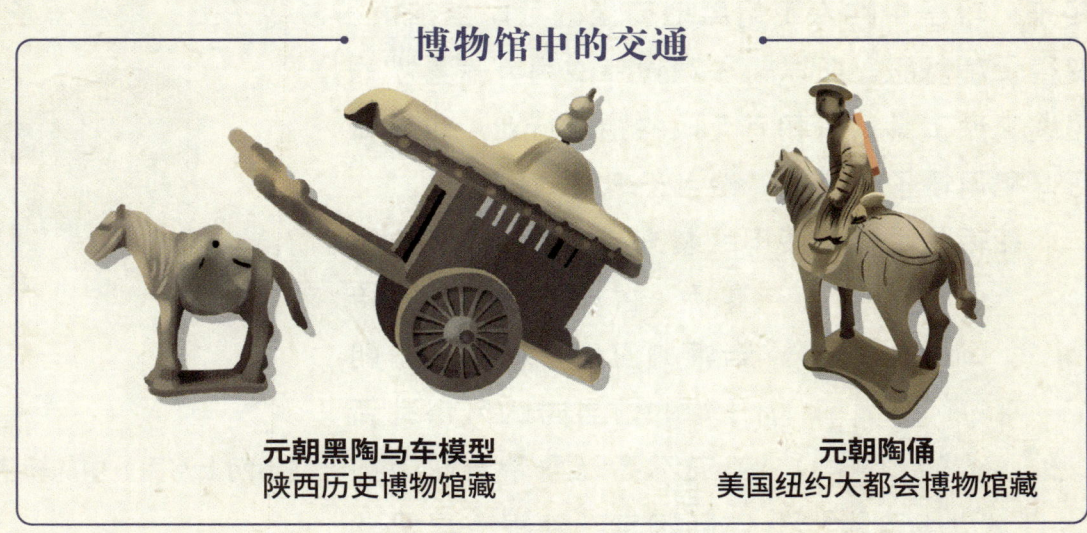

元朝黑陶马车模型
陕西历史博物馆藏

元朝陶俑
美国纽约大都会博物馆藏

轿子大发展

轿子的前身叫辇，原本是商周时期一种人拉的小车。在秦汉时期，这种小车去掉轮子，改成人抬的"步辇"，成为君王、妃嫔们的代步工具。

汉朝有一种"八抬辇"，前面6个人抬，后面2个人抬，辇上笼着防蚊虫的网罩，这种高级步辇只有皇家才能用。

到后来，步辇越来越大，晋朝甚至有能坐30人，需要200名轿夫抬的超大步辇。

到了宋朝，轿子逐渐取代步辇，成为这种交通工具最常用的称呼，一直

博物馆中的交通

《女史箴图》中的八抬辇
大英博物馆藏

65

历史就跑在道路上

沿用至今。

宋朝逐渐允许老百姓乘坐轿子，而且当时椅子、凳子等家具流行起来，轿子中的人不用席地而坐，可以坐在椅子、凳子上，乘坐轿子变得更加舒服。所以轿子很快就成为大家喜欢的短途交通工具。宋朝有专门的抬轿行业，付钱就可以租用轿子和轿夫，相当于现在的出租车。

花轿是婚礼上使用的装饰华丽的轿子，也叫喜轿。古代结婚用花轿接新娘的习俗，就是从宋朝开始的。当时的风俗是新郎天不亮就要带着花轿前往新娘家，新娘也早早起来梳妆完毕，人们认为花轿到得越早，将来婚姻就越美满。

花轿

《清明上河图》中的轿子

原来如此

八抬大轿

"轿"古作"桥"，轿子就像一座小桥，悬空架在前后轿夫的身上，由此得名。在古代，抬轿子的人数代表着不同的等级和待遇，8个人抬的轿子，是高官和贵妇才能坐的。因此"八抬大轿"就成了待遇非常高的代名词了。尤其是在花轿成了婚礼的标配之后，有条件的男方会以八抬大轿把新娘娶回家，以示隆重和正式。

 ## 开船，出海

宋朝在一些江海边的大城市开设官办造船厂。北宋初期一年新造的货船就达 3000 多艘。

现在我们说的轮船，是一种利用机器推动的钢铁巨船，并没有轮子。古代的轮船是真有轮子的，最早出现在两晋时期，叫作"车船"，船体两侧有两个大轮子，船里面有人像骑自行车一样脚踏驱动，轮子便划水推动船前进，宋朝时车船变得常见，轮子数量也增多。这种古代轮船只能在风平浪静的内河里短途航行，所以后来慢慢消失了。

宋朝的海船最能体现当时先进的造船工艺。

海船一般比河船大得多，一艘典型的宋朝海船宽和高都有几十或上百米，船内分为数个水密隔舱。最大的海船可以载重三四百吨，搭载五六百人。海船上有帆和橹提供动力，每艘船有 8～20 支橹，分别安在船的首、腰和尾部，有的橹很大，需要 30 个人一起摇动。

《清明上河图》中的河船

宋朝车船复原模型

宋朝海船复原模型

宋朝"南海一号"沉船复原模型

由于西域不在宋朝的控制之下，陆上丝绸之路基本中断，取而代之的是越来越繁荣的海上丝绸之路。当时，广州的地位非常重要，很多往来南洋的船只停靠在广州，很多外国的富商定居在广州。

泉州是宋朝重要的海港，地位和广州相当。从泉州出发的船舶主要去往日本和朝鲜。这里有一座始建于南宋的关锁塔，位于海边的山顶，是仿楼阁式的空心石塔，高约 22 米，用花岗岩石砌筑而成。关锁塔巍峨挺拔，白天人们在很远之外就能看见它；晚上塔中会点燃灯火，为远方的船只提供导航。当时远航的水手们，看到关锁塔就知道快到家了。

杭州和明州（今浙江宁波）也是这一时期重要的港口城市。

宋朝的水磁罗盘，碗里加水，小鱼浮在水面上，有磁性的鱼嘴针就会慢慢指向南方。指南针是我国古代四大发明之一，也是这一时期航海技术上最大的成就。

白天和夜晚的泉州关锁塔

元朝继承了宋朝发达的航海和造船技术，并且有所进步。

元朝官方修造了大量海船用于海运，有一年当年就造了平底海船60艘，每艘能装粮食800石（约78吨）。后来元朝又让高丽（今朝鲜半岛中南部地区）建造更大的海船，每船可载4000石（约388吨）。

日本绘画中的元朝战船

在韩国附近的海域，人们曾经发现过一艘元朝沉船——新安沉船。船上面装满了瓷器、香料和中国铜钱，光是铜钱就重达28吨。这艘船是从中国向日本航行途中不幸沉没的，可以从一个侧面反映出当时海上对外贸易的繁荣。

新安沉船复原图

大运河的变迁

宋元时期不仅有着灿烂的远洋航海技术，内河航运也十分发达。

隋朝修建的大运河，在唐和北宋都继续发挥着重要的作用。不管是唐朝的首都长安，还是北宋的首都汴京（今河南开封），都需要从粮食产量丰富的江南地区调运粮食。这种公粮调运的运输叫作"漕运"。北宋已经建立了完整的漕运制度，有专门设计的漕船，还有全国性的组织漕运和管理运河的专门机构。

漕船的船体特别坚固，船舱内也要做防潮处理。

汴京的水上交通十分便利，当时的人们把经过汴京的通济渠称为汴河，是重要的运河河段。在著名的《清明上河图》中，我们可以看到汴河上远道而来的船只，运来各种各样的货物，保证汴京的人们过着有滋有味、丰富多彩的生活。

《清明上河图》中汴河上的船

到了南宋时期，南北运河不再贯通，但江南地区的运河还是治理得井井有条，促进了江南一带的经济蓬勃发展。而临安（今浙江杭州）成了当时全国最大的都市。

　　元朝定都大都（今北京）后，为了使大运河直通大都，不再绕道洛阳、开封等地，便开凿了新河道，把原来以洛阳为中心的横向运河，修建成以大都为终点的纵向大运河。元朝新修建的运河河段是济州河、会通河和通惠河，主要位于今天的山东、北京、天津境内，虽然总长度只占京杭大运河的十分之一，但是工程十分艰巨，用了10多年才竣工。

　　会通河和通惠河建成后，大运河上的船只可以直达大都，全长1700多千米的京杭大运河宣告正式贯通。京杭大运河把我国境内重要的五大水系——海河、黄河、淮河、长江、钱塘江全部贯通，把南北方各大经济区都直接联系了起来，是伟大的古代工程。它已经入选了《世界文化遗产名录》，成为中国第46个世界遗产项目。

明朝

更豪华的车，更先进的船

明朝整治了通往西南的驿道，还开发和改善了通往东北、西北的驿道，驿路空前发展，形成以北京和南京为中心的驿路网络，驿路最远可以抵达外兴安岭，北边的阴山，西北的新疆，西南的云南、西藏。

明朝是我国古代海上交通的鼎盛时期，郑和下西洋最远抵达红海沿岸和非洲东海岸，有非常成熟的通往日本、朝鲜、东南亚、南亚等地的航线。

再见！你爸爸的轿车真漂亮！

你坐的敞篷车也不错，视野特别好！

明朝的国内交通更为发达，车与轿子也更加豪华、精致和讲究。现在虽然我们不再乘坐轿子出门，但是沿用了轿车这样的称呼。

对于那时候的世界，我们印象更为深刻的，当然是世界航海史上的壮举——郑和下西洋。据说郑和的大型宝船体积庞大，船队里的其他船只也都非常先进，其中的很多船型，直到今天仍然被使用着。

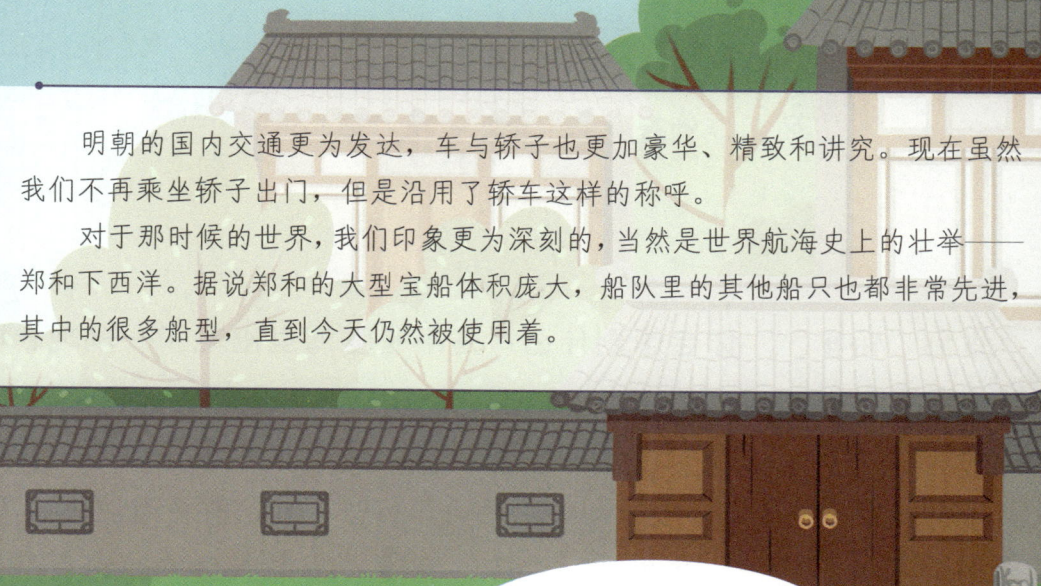

轿车与轿子

说到"轿车",你会想到什么?是不是脑海里出现了一辆现代的四轮小汽车?

明朝的轿车,车厢和轿子的轿厢一样。轿车主要用来载客,车厢里面可以坐人、放行李,两个大车轮使轿车行驶平稳,前面用骡马拉车。豪华的轿车装饰精美,是皇家、贵族、官员、富商乘坐的,也有普通的轿车供平民百姓使用。轿车还是当时的出租车和长途客车,应用非常广泛。

博物馆中的交通

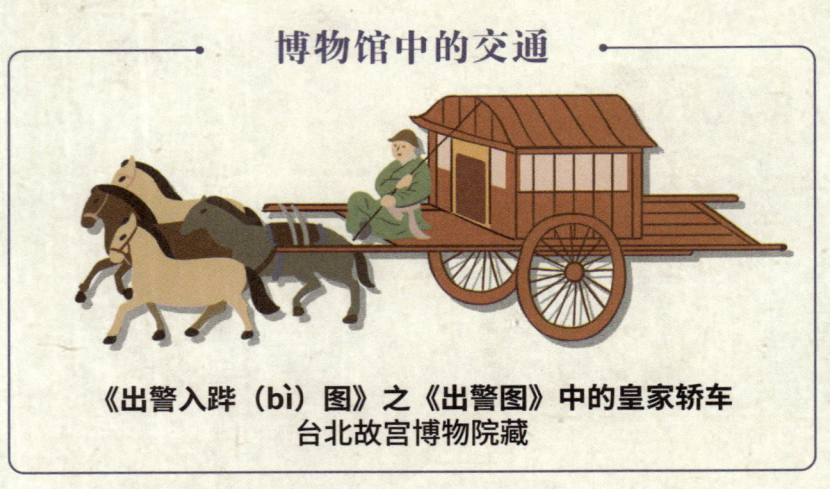

《出警入跸(bì)图》之《出警图》中的皇家轿车
台北故宫博物院藏

除了载客的轿车,明朝还有载货的"敞车",也叫"大车",和宋朝的太平车很像,一直沿用到近代。

这一时期的独轮车形制和宋朝的一样,有时套一头驴在前面拉车。有的独轮车不仅运货,也可以载客,车上加了席子做的车篷,在乡间很受欢迎。

敞车

载客的独轮车

和宋元时期相比，明朝乘坐轿子有着更严格的规定。按照规定，最初只有三品以上的高级文官才能乘坐轿子，中低级文官和武官都不准坐轿。后来因为大家都喜欢乘坐舒适稳当的轿子，这一规定才慢慢放开。

明朝的轿子主要有两种，一种是不带帷幔的凉轿，一种是带帷幔的暖轿。

百姓坐的轿子是2个轿夫抬的，而一些达官贵人的轿子是4个人或8个人抬的。传说，著名的明朝政治家张居正生活奢侈，他的大轿子需要32个人抬，里面有卧室、客厅、阳台和厕所，还有2个仆人负责照顾，简直就是古代的豪华"房车"，或者说"房轿"。此外，还有用马等牲畜抬的轿子，称为驮轿。

凉轿和暖轿

《出警入跸图》之《出警图》中皇家28个人抬的大轿子

历史就跑在道路上

博物馆中的交通

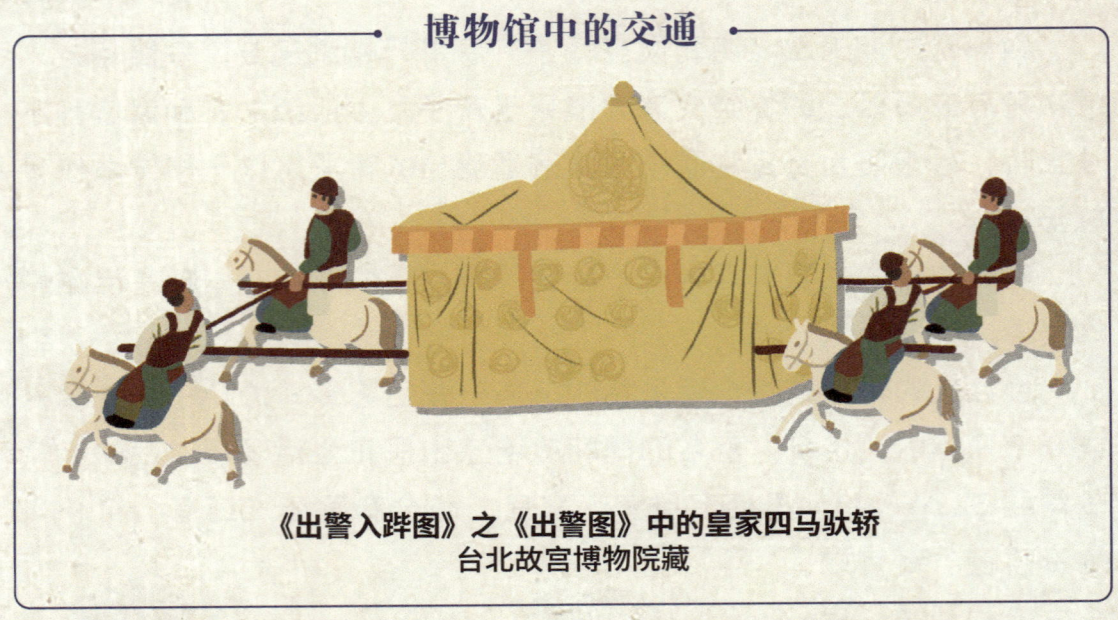

《出警入跸图》之《出警图》中的皇家四马驮轿
台北故宫博物院藏

那么，明朝的时候人们还骑马吗？

骑呀，而且那时人们骑马的装备更完善了！

受到元朝遗留风俗的影响，明朝贵族也喜欢骑马游猎或出行，当时马匹来之不易，所以民间骑马的人不多。

"马蹄铁"是一种钉在马掌上保护马掌的铁器，可以减少马掌的磨损，提高奔跑速度。也有学者根据壁画、文物，认为最迟在明朝，马蹄铁这项重要发明已经推广开来。

古人在钉马掌。钉马掌就是给马掌钉上马蹄铁。

76

了不起的航海壮举：
郑和下西洋

公元 1405 年至 1433 年这 28 年间，明朝航海家郑和带领庞大的船队先后 7 次远航，航行至当时所谓的"西洋"一带，史称"郑和下西洋"。

郑和的航行，最远抵达了非洲东海岸，途经或抵达了东南亚、南亚、中东的 30 多个国家和地区。郑和的远航比欧洲哥伦布发现美洲大陆早了 87 年。他不像欧洲殖民者那样烧杀抢掠，而是致力于与当地国家和人民建立友好关系，打通交通路线，开展互惠贸易，传播中国文化。

郑和

郑和下西洋的船队规模庞大，每一次远航都动用一两百艘船，其中有宝船，还有粮船、马船（运货船）、坐船（运兵船）等辅助船只。大型宝船是郑和船队中最大的船只，也最能体现当时高超的造船技艺。这些宝船基本都是由南京下关的龙江船厂制造的。

大型宝船模型

最大的宝船，长四十四丈（约 147 米），宽十八丈（约 60 米），是当时世界上最大的帆船。宝船是平底方头的沙船，船上有多座桅杆和风帆，锚重达几千斤，需要二三百人一起操作才能起航。这艘宝船集合了当时最先进的技术，反映了明朝高超的造船水平，是郑和多次成功下西洋不可或缺的交通工具。

沙船

经过千年的历史积淀，到了明朝，我国的海船已经形成了著名的四大船型：沙船、福船、广船和鸟船。郑和下西洋的宝船就是沙船的一种。

福船因原产于福建而得名，是一种尖底帆船，船的首尾高高翘起，适合远洋航行。早在宋朝，福船便以"海舟以福建为上"而著称于世，明朝派往琉球（今日本冲绳）的使者乘坐的就是福船。

福船

广船因原产于广东而得名,其头尖,船身细长,船体下窄上宽,吃水浅,适合远航。明朝的广船用坚硬的铁力木建造,虽然造价高,但是经久耐用。

广船

鸟船

鸟船是一种小型海船,因为船行如飞鸟而得名,船头两侧有绿色条纹装饰,所以也叫"绿眉毛",因为产于浙江一带,又叫浙船。鸟船的特点是头小、船身大。

历史放大镜 出警入跸图（局部）

《出警入跸图》画的是明朝的皇帝出京去拜谒皇家的陵墓,有宏大的护卫和仪仗队伍。本页画面临摹了这幅图的局部,却有5处误加入了现代交通工具、交通工具的部件或运动器械,你能找到它们吗?(答案见本书第102～103页)

清朝和民国

新旧交替变化大

清朝是中国历史上最后一个封建王朝，我国古代交通在此时已经发展到比较成熟的程度。清朝晚期至民国，则是我国古代交通发展过渡到近代交通的时期，交通科技、交通工具、交通设施都有巨大进步。

高铁快，还是飞机快？

现在高铁还比不上飞机，但比汽车快几倍！

清朝末年，皇宫里的皇帝和皇后骑上了自行车，而今天，满大街都是骑着共享单车自由来去的人们。从清朝初年到民国末年的短短 300 多年时间里，世界发生着巨大的变化。传统的马车、轿子和画舫逐渐被自行车、火车、汽车和蒸汽轮船取代，现代交通工具逐渐出现在人们身边。

从骡车、牛车到火车、汽车

中国古代的陆上交通工具,向来都以车马为主。

清朝的传统车辆和明朝一样,包括载客的轿车和拉货的敞车,主要使用骡和牛拉车。这些老式车辆一直使用到民国时期,才逐渐被淘汰。

清朝老照片中的轿车

1901年,袁世凯送给慈禧太后一辆汽车。传说,慈禧太后认为司机坐在她前面开车不成体统,要求他跪着开车。跪着可怎么开车呢?受到惊吓的司机偷偷弄坏了汽车,慈禧太后因此就没有汽车可坐了。

到了晚清民国时期,奔驰在铁路上的火车逐渐成为陆上交通运输的主力,汽车也发挥了非常重要的作用,传统车马地位大大降低。

慈禧太后坐过的汽车

1881年,开平矿务局的工匠们按照英籍工程师提供的图纸制造了一台蒸汽火车,取名为"中国火箭号",牵引力约100吨,时速5千米。这是我国制造的第一台火车。

1881年,在清政府洋务派的支持下,我国开始修建唐山至胥各庄铁路,揭开了中国自主修建铁路的序幕。早期修建铁路阻力很大,到

1894年甲午战争前夕，只修建了400多千米的铁路。晚清和民国时期，帝国主义争夺路权，中国铁路发展缓慢，截至中华人民共和国成立，国内只有21000多千米铁路，其中比较重要的

中国火箭号

有京汉铁路、京奉铁路、津浦铁路、京张铁路、沪宁铁路、陇海铁路、粤汉铁路等。

从轿子到黄包车

清朝时期，大户人家很多都有自家的轿子，多是4个人抬的装饰豪华的轿子。平民百姓需要坐轿子时，也很容易就能租到两个人抬的轿子。轿子在清朝扮演着城市里的"家用车""出租车"的角色。

清朝轿子

　　清朝末年黄包车的出现，打破了轿子在城市交通中的地位。
　　黄包车，是由国外传入的一种人力车，有两个高大的橡胶钢丝车轮，车厢上夏天挂帆布防雨，冬天挂棉篷保暖，只需要一名车夫在前面拉车，坐起来舒服度不比轿子差，速度还更快。因为只需要一名车夫，所以

85

坐黄包车的费用比坐轿子便宜。黄包车很快就替代轿子成为城市里最常见的"出租车"。

不过当黄包车夫是很辛苦的工作，没日没夜的奔跑有损身体健康，所获得的收入却不高，只有最穷苦的人才去干这一行。

真累！劳动人民真不容易！

你拉快点儿啊！我要迟到了！

从骑马到骑自行车

满族是擅长骑马的民族，马是清朝重要的代步工具。

自行车，也叫脚踏车、单车，是大家很熟悉的一种人力车，在清朝末年传入中国。1897年，上海举办了一次自行车比赛。同年，有三名英国人骑自行车从伦敦到达上海。中国人这才发现自行车这种看似简单的机械居然如此方便、快捷、省力。

不过当时自行车非常昂贵，主要是大户人家的代步工具，像清朝的末代皇帝溥仪和他的皇后婉容，就曾在紫禁城里骑自行车。

到了民国时期，很多富裕的人购买自行车代步，一些政府机关也配置自行车作为公车，自行车渐渐多了起来。

在骑自行车的末代皇后婉容

从木船到轮船

清朝是中国古代传统木船最后的辉煌时期。清朝前中期，江河湖泊上有大量木船，有的是官方组织的漕船，有的是私人所有的船只；大海上也是木船的天下，比如清朝使节前往琉球国时乘坐的封舟，就是一种传统海船，船身宽大，方头方尾，有三座桅杆。

清朝的一种漕船

现代轮船，是一种利用机械力量推进的船舶，比依赖风力、人力的传统木船更先进。早期的现代轮船两旁有巨大的轮子，和我国古代轮船很像。

大约180年前，来自西方的第一艘现代轮船抵达中国海域。中国人惊讶地发现，这种船居然逆流而上也能这么快速。一些有识之士意识到中国传统的木船已经落后，

博物馆中的交通

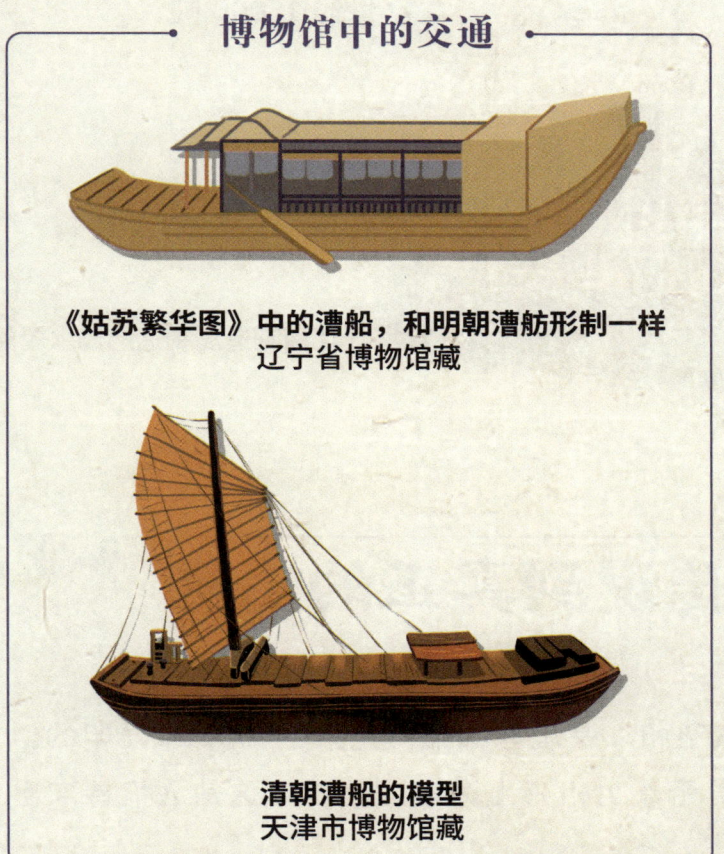

《姑苏繁华图》中的漕船，和明朝漕舫形制一样
辽宁省博物馆藏

清朝漕船的模型
天津市博物馆藏

历史就跑在道路上

于是开始购买和仿造现代轮船。越来越多的轮船取代了原来的木船。

150多年前，清政府开始兴办江南机器制造总局（简称江南制造局）等近代军事企业。中国从此具备了建造轮船的能力。

自1905年至1937年，江南造船所（原属江南机器制造总局）共建造各种舰船700多艘，其中包括美国订购的4艘轮船，排水量约15000吨。

江南制造局建造的炮艇

江南制造局制造的浅水轮船

从飞天传说到真正的飞机

世界上第一架真正的飞机，是美国的莱特兄弟于1903年发明的。1911年，一位法国飞行员带着飞机来上海表演飞行，这是飞机首次出现在中国的天空中。

虽然当时的中国还很贫穷，但是不甘落后的中国人依然在航空领域有所建树。

1909年，中国第一位飞机设计师、制造师冯如制造的飞机在美国加利福尼亚州试飞成功。这是第一架由中国人设计和制造的飞机。1910年，冯如驾驶自己设计制造的飞机夺得国际飞行比赛的优等奖。名气已经很大的冯如拒绝了国外航空公司的招揽，选择回到国内，为中国的航空事业贡献力量。不幸的是，1912年，在一次飞行中，冯如在降落时遭遇事故去世，年仅29岁。

冯如设计制造的飞机

冯如

民国时期，政府积极向国外购买飞机，修建飞机场，发展空中交通。

经过一段时间的发展，很多城市都有了飞机场，以上海等城市为中心的航线逐渐成熟，当时主要有上海到汉口、上海到北平（今北京）、上海到广州、重庆到成都、北平到广州、兰州到宁夏、大连到齐齐哈尔等空中航线。跨国航线也出现了，有从上海至欧洲各国的航线。

历史放大镜 姑苏繁华图（局部）

加速奔向未来

　　很多现代交通工具及设施，都是在古代、近代交通工具及设施的基础上发展而来的，比如先进的高铁依然要在铁轨上奔驰，航天飞船的原型也可以追溯到近代的火箭。历史这条路，从几千年前移山的愚公、开河道的大禹，一路不断地走到了现当代。只不过，走在这条路上的我们，乘坐的交通工具速度越来越快，舒适度越来越高，我们进入了前所未有的快车道，向未来飞奔。

> 古人赶路真是不容易啊！

更快，更远

假设在清朝，有个人打算从南京去北京，他可以选择步行，走驿路，沿途投宿驿站和旅店，路上得花上约一个月时间；如果家里比较有钱，他可以坐马车，这段旅途可以缩短到十来天；沿着长江和京杭大运河乘船也是可行的，比步行或乘坐马车舒服得多，只是船速不快，顺利的话也得大约半个月时间。

等到清朝末年开通了北京到天津、天津到南京的铁路，坐火车只需要三四天就能完成同样的旅程，已经是前所未有的便捷。

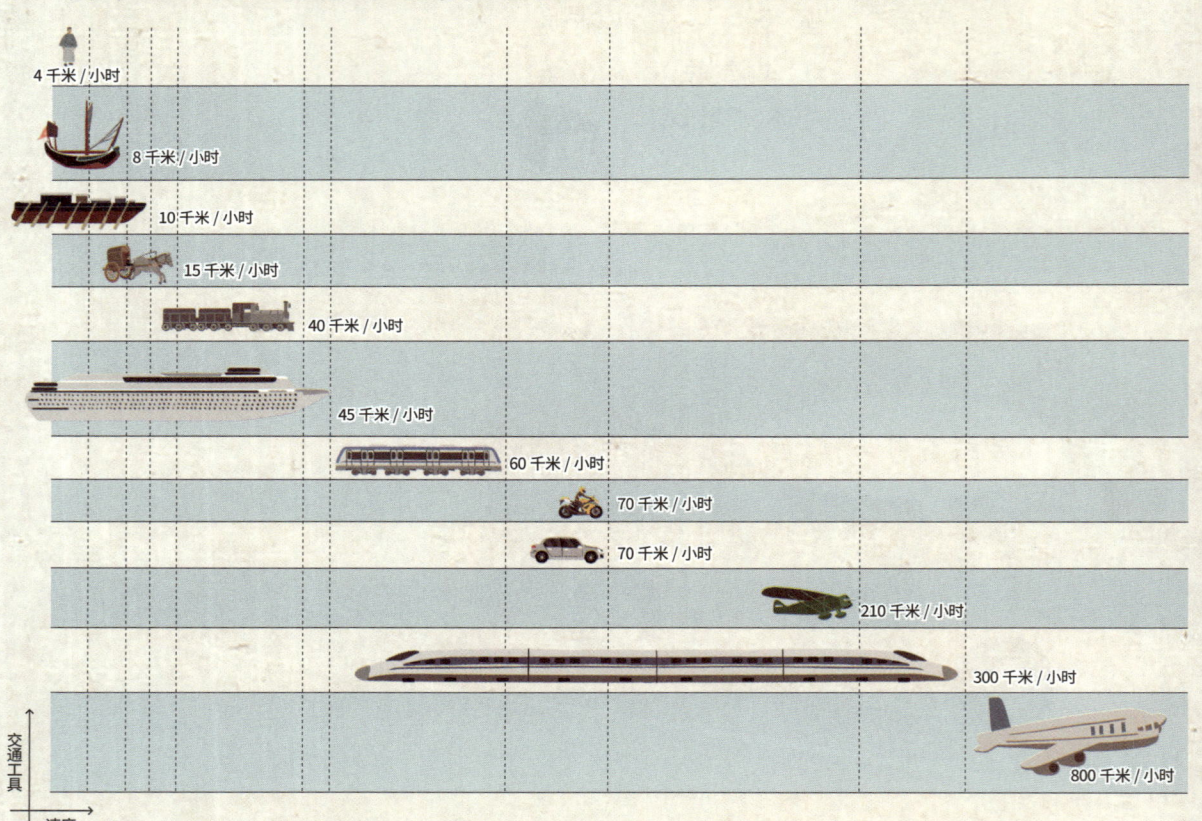

而现在，从南京到北京，乘坐飞机只需要大约两小时，乘坐高铁只需要大约四小时，自己开车也就十几小时。十几小时，我们就可以从北半球飞到南半球。今天的我们，拥有了前所未有的速度。

现代交通覆盖面非常广，城市里的人们已经习惯了出门就开车，家附近就有公交站、地铁站的生活，出远门可以选择火车、飞机、轮船等不同的交通工具。就算在乡村，大部分地区也有一条平整的公路通入村中，还有很多小路连接到家家户户的门口。

飞机、高架桥、公路、地铁组成的立体交通网

在古代，旱路会受到地形影响，一些崎岖的山区难以通行，水路更是要依托自然的江河湖海，虽然古人修建了很多运河，但也无法完全摆脱自然的限制。而今天，天上的飞机和地下的地铁可以绕开不便的地形，汽车和火车可以通过桥梁、隧道克服地形障碍，畅行无阻。运河中的航船，也能通过现代的航运设施，像坐电梯一样在不同高度的航道中往返。就连海峡也无法阻挡现代交通，人们可以修建跨海大桥或海底隧道。

2018年开通的港珠澳大桥，是目前世界最长的跨海大桥，连接香港、广东珠海和澳门，全长55千米，可以抵御8级地震、16级台风、30万吨撞击。

更舒适，更安全

出远门，对古人来说是一件非常困难的事情，路途上要忍受种种恶劣的环境，旅途安全得不到保证。但凡有人要出远门，家里人往往都要为他担惊受怕。

今天，我们出门远行时，搭乘舒适的交通工具，可以睡在卧铺上或坐在柔软的座位上，吹着空调，享用旅途中的美食，观赏着窗外的美景，或是看电影、听歌，舒服地等着被安全送达目的地。

为了出行安全，今天的人们建立了很多交通规则，也运用了很多防护设施。

快艇上的人穿着救生衣

在路口指挥交通的交警和红绿灯

骑摩托车的人戴着头盔

坐在汽车上的人系安全带

糟糕！天气预报说今天有大风，我不该坐船的。

我看了海浪预报，改乘直升机，又快又舒服！

今天，我们虽然很难改变恶劣的天气，却可以利用气象预报在出行之前预知路上的天气情况，更好地计划路线、规避风险。

历史就跑在道路上

一些交通工具，还被人们演变出了新的休闲娱乐方式。

观光热气球

双层观光巴士

皮划艇竞赛

卡丁车比赛

未来的交通什么样

在并不遥远的未来,人们会乘坐什么样的交通工具?享受什么样的交通服务呢?

磁悬浮列车是一种依托专用轨道"飞"起来的交通工具,时速可以达到 600 千米以上;而飞机的速度也越来越快;据说,科学家在研究真空管道运输,让列车在没有空气的管道中飞奔,没有了空气阻力,预计时速将高达 4000～6000 千米,真是难以想象!

未来的交通还将更加便捷。以后城市里的地面道路可能会越来越少,仅供人们散步和锻炼使用。原先熙熙攘攘的各种车子也都将"飞"起来,悬浮行驶在指示灯划出的空中道路上。

未来的交通还会更加智能。无人驾驶将成为趋势,我们不必亲自开车,由智能电脑驾驶着交通工具,只需要输入目的地就可以自动抵达。智能电脑互相之间连接起大数据网络,合理规划着繁忙的交通线,再多的交通工具也能井然有序。智能电脑还能比人更快、更合理地处置突发情况,交通事故将大大减少。

未来我们还能到达更远的太空,更深的海底。

未来智能汽车想象图

历史就跑在道路上

2020年,"嫦娥五号"探测器到达月球。

"奋斗者"号潜水器可以下潜到海平面以下1万多米的深度。

未来的交通还将突破地球的约束，实现太空交通甚至星际交通。总有一天，我们可以到深海去跟灯笼鱼一起玩耍，也可以在太阳系中随意旅行。到了那个时候，我们今天的汽车、摩托车和飞机，会不会也进入博物馆，成为被人欣赏的古董呢？

这是 21 世纪古人乘坐的交通工具，这种古董火车一小时只能行驶 300 千米。

我们 21 世纪的火车，在未来人的眼中也只是慢车啊！

历史这条路从古代走向未来。未来的车越来越快了呀！

历史放大镜**答案**

洛神赋图（局部）

出警入跸图（局部）

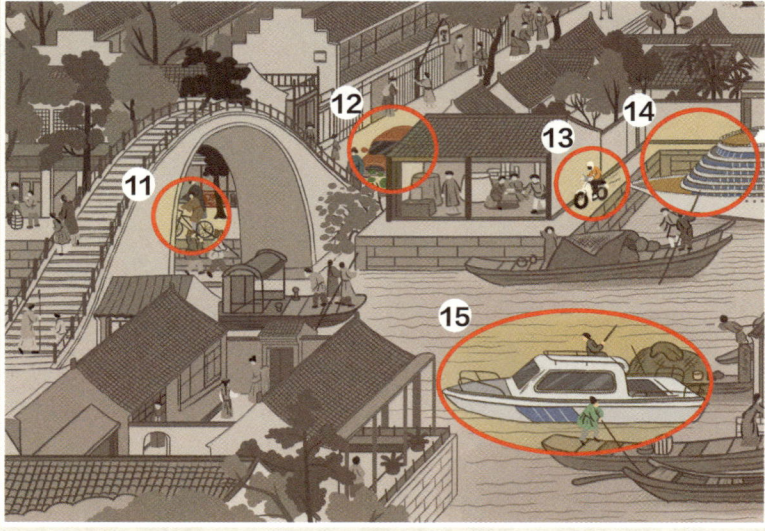

姑苏繁华图（局部）

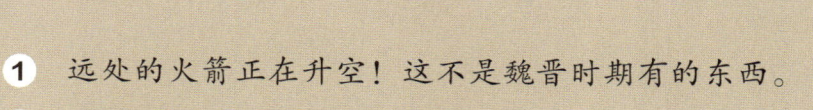

1. 远处的火箭正在升空！这不是魏晋时期有的东西。
2. 飞机的诞生，还要再等一千多年。
3. 水中露出的是潜水艇的观测镜，这可不是魏晋时期有的东西。
4. 飘扬的旗子后面藏着热气球，这是近代才有的。
5. 我国古代是以木船为主的，钢铁材质的轮船是近代才出现的。

6. 这么时髦的跑车，是从现代穿越过去的吧！
7. 随行的官员竟然骑着电动车，错了！这是现代的交通工具。
8. 官员所踩的滑板，不属于那个时代。
9. 这样的车轮近代才出现，古车上应该是木质车轮。
10. 他骑的不是马，而是自行车，这是清末才出现的交通工具，明朝可没有哟！

11. 自行车是清末才有的，乾隆年间还没有。
12. 流线型设计的汽车，还要再过约二百年才有。
13. 时髦的小摩托车，是现代的交通工具。
14. 好现代的豪华游艇呀！这不属于清朝乾隆年间。
15. 在清朝末年才有类似款式的小艇出现，清朝乾隆年间还没有。